Ferdinand Struck

Die ältesten Zeiten des Theaters zu Stralsund

1697 - 1934

Ferdinand Struck

Die ältesten Zeiten des Theaters zu Stralsund
1697 - 1934

ISBN/EAN: 9783743381858

Hergestellt in Europa, USA, Kanada, Australien, Japan

Cover: Foto ©ninafisch / pixelio.de

Manufactured and distributed by brebook publishing software (www.brebook.com)

Ferdinand Struck

Die ältesten Zeiten des Theaters zu Stralsund

Die ältesten Zeiten
des
Theaters zu Stralsund.
(1697—1834.)

Ein Beitrag zur Geschichte des deutschen Theaters

von

Dr. Ferdinand Struck.

Mit einem Situations-Plan des alten
Stralsunder Schauspielhauses und der genauen Nachbildung eines
Stralsunder Theater-Zettels aus dem Jahre 1731.

Stralsund.
Verlag der Königlichen Regierungs-Buchdruckerei.
1895.

Vorrede.

Bisher hat es an einer Geschichte des Stralsunder Theaterwesens älterer Zeit vollständig gefehlt. Dem Wunsche, diese Lücke auszufüllen und ein möglichst getreues Bild der dramatischen Veranstaltungen früherer Jahrzehnte zu geben, verdankt die vorliegende Arbeit ihr Entstehen. Sie umfaßt die Zeit von dem ersten beglaubigten Auftreten berufsmäßiger Schauspieler in Stralsund bis zum endgültigen Uebergang von Wandertruppen zur stehenden Bühne. Dieser letzte Zeitpunkt fällt mit der Eröffnung des neuen, noch heute benutzten Schauspielhauses zusammen. Der geschilderte Zeitraum erstreckt sich über beinahe hundert und vierzig Jahre.

Die Arbeit beruht in der Hauptsache auf dem Studium der im Stralsunder Rathsarchiv befindlichen Theaterakten, die bisher zu Veröffentlichungen so gut wie garnicht benutzt sind. Manches interessante Aktenstück erscheint hier zum ersten Male im Druck, manche gänzlich vergessene und doch bemerkenswerthe Begebenheit wird hier wiederum ans Tageslicht geholt. So hoffe ich denn, daß die Arbeit vieles Neue bringen wird. Weiteres schätzbares Material boten ferner vor Allem die Jahrgänge 1760 bis 1854 der „Stralsundischen Zeitung" und für die letzten Jahre des geschilderten Zeitraums auch die belletristische Zeitschrift „Sundine". Außerdem habe ich zahlreiche schriftliche und mündliche Erkundigungen eingezogen, so daß die Darstellung eine möglichst genaue und eine in allen wesentlichen Punkten vollständige und erschöpfende sein dürfte. Auf die im Uebrigen benutzte Litteratur ist in den Anmerkungen verwiesen.

In erster Linie wendet sich das Buch naturgemäß an die Freunde der darstellenden Kunst in Stralsund selbst, sowie an diejenigen, welche der Stralsunder Bühne angehört haben oder noch angehören, oder welche mit ihr in direkter oder indirekter Beziehung gestanden haben oder noch stehen. Aber ich gebe mich doch der Hoffnung hin, daß auch für weitere Kreise von Kunstfreunden und Forschern die Arbeit nicht ganz ohne Werth und Interesse sein wird.

F. S.

Chronologisches Verzeichniß
der
Theater-Direktoren.

Vorstellungen im Saale der Brauer-Kompagnie:

1697 und folgende Jahre Johann Adolph Humelius.
1719 Carl Wilhelm Gebel.
1720 Christian Spiegelberg, Hofkomödiant des Königs von Großbritannien und Kurfürsten von Hannover.
1723 Hildeburghausen'sche Komödianten (Prinzipal Markus Salomon).
1723 Friedrich Jakob Gehrmann.
1724 Carl Knauth.
1725 Jürgen Friedrich Schweiger.
1726 David Holzwart, Prinzipal der sächsischen Hofkomödianten.
1731 Titus Maaß, Baden-Durlach'scher Hofkomödiant.
1734 Elisabeth Spiegelberger.
1737 Johann Friedrich Lorentz, Prinzipal der Sachsen-Weimarischen Hofkomödianten.
1743 u. 1744 Carl Friedrich Reibehand.
1747 Rademin, Königl. Preußischer Hofkomödiant.
1750 Johann Friedrich Schönemann.
1752 Johann Eunier.
1752 Johann Kunniger.
1765 Johann Martin Leppert.

Vorstellungen im alten Schauspielhause:

1766 u. 1767 Johann Martin Leppert.
1768 Gilly.
1768 Anton Berger.
1769 Gesellschaft Deutscher und Italienischer Operisten.
1769 Johann Christian Wäser.
1770 Carl Theophilus Döbbelin.
1772 Paul Barzanti.
1773 Johann Christian Wäser.
1775 u. 1776 Johann Jakob Amberg.
1777 Peter Florenz Ilgener.
1778 Anton Berger.
1778 u. 1779 Joseph Preinfalk.
1779 u. 1780 Johann Friedrich Stöffler.
1780 Gesellschaft des Gastwirths Joh. Christian Timme.
1781—1786 Johann Tilly.
1782 Gesellschaft Italienischer Operisten; Leiter unbekannt.
1782 Gesellschaft Deutscher Schauspieler; Leiter unbekannt.
1788 Hostowsky und Fendler.
1789 u. 1791 Johann Tilly.
1793—1795 Carl Gutermann.
1795 Fendler.
1795—1797 Johann Ferdinand Kübler.
1798 Deutsche Truppe; Leiter unbekannt.
1799 Königl. Preußische privileg. Schauspieler-Gesellschaft (Direktor Gautier).
1799—1800 Carl Conrad Döbbelin.
1800 Pasquale Casorti.
1800—1801 E. Holm und Fr. Hansing.
1801—1804 Mecklenburg-Schwerinsche Hofschauspieler-Gesellschaft (Direktor Krickeberg).

1804 Scheerer und Rogmann.
1808 Julius Berg (gab Vorstellungen im Hôtel de Societé).
1811 Ferdinand Kriesen.
1811—1814 Wilhelm Brede.
1815 Carl Bredow.
1815 A. Hayd.
1815 Friedrich August Ruhland.
1815 Graf Carl Hahn.
1816 Friedrich August Ruhland.
1816 Christlieb Georg Heinrich Arresto.
1817 H. Buschenhauer.
1817 Wilhelm Jülich.
1818 J. C. Krampe.
1818—1819 Wilhelm Brede.
1819—1824 J. C. Krampe.
1825 u. 1826 Couriol.
1826—1828 C. Schmidtgen.
1828 Ferdinand Zimmermann.
1829—1831 Anhold (Graf Carl Hahn).
1831—1832 F. A. Opel.
1832—1833 Carl Gerlach.
1833 August Wilhelm Brede.
1833 u. 1834 F. A. Opel.

Alle Rechte vorbehalten.

> „Von jeher war dieser abgelegene Winkel Deutsch-
> lands eine Pflegerin Thaliens."
> Brief aus Stralsund vom August 1778.

Die ersten berufsmäßigen Schauspieler, welche in Deutschland auftraten, waren Ausländer. Im letzten Decennium des 16. Jahrhunderts gingen von England wandernde Schauspielertruppen nach dem Festlande hinüber und traten theils in die Dienste eines Hofes, theils durchzogen sie selbstständig das Land. Diese Banden wurden schlechtweg mit dem Namen der englischen Komödianten belegt oder auch, da sie durch die Niederlande nach Deutschland kamen, als niederländische Komödianten bezeichnet. Anfangs führten sie ihre Dramen — es waren hauptsächlich Blut- und Schauerstücke — in englischer Mundart auf; als sie aber durch längeren Aufenthalt in Deutschland auch des Deutschen mächtig wurden und auch Deutsche in ihre Reihen aufnahmen, gaben sie ihre Vorstellungen „in guter teutscher Sprache". Es wurde ihnen nicht schwer, in Deutschland Ersatz und Hülfskräfte zu finden, denn die Schul- und Bürger-Aufführungen hatten genugsam Uebung und Gelegenheit zum Komödienspiel gegeben.

Diese englischen Komödianten sind die Begründer eines eigenen deutschen Schauspielerstandes geworden. Durch ihre bisher unbekannten dramatischen Wirkungen regten sie die Lust zum Komödienspiel in den Deutschen noch mehr an, und als nun der dreißigjährige Krieg manchen Erwerbszweig vernichtete und zahlreiche Menschen aus ihrem geregelten Beruf vertrieb, wandten sich viele der ihrer Existenz Beraubten, theils durch die Noth gezwungen, theils aus Neigung, dem Schauspielerstande zu und bildeten **deutsche Wandertruppen**, welche die englischen Komödianten bald völlig verdrängten. Dieses Vagabundenleben brachte für die Betheiligten außerdem noch den Vortheil, daß man nicht an einen bestimmten Ort gebunden blieb, sondern dem Kriegsgetümmel aus dem Wege gehen und Plätze aufsuchen konnte, an denen Verdienst zu erhoffen war. Sehr stark vertreten war in diesen Schauspielertruppen die akademische Jugend, besonders die Leipziger, und zwar betheiligten sich bei weitem am meisten die Theologen, ohne daß durch die Aufnahme von Gebildeten das Leben und Treiben der Komödianten ein besseres geworden wäre oder sich die Darstellungen und die Stücke auf eine höhere Stufe erhoben hätten.[1]

Unter Leitung eines **Prinzipals** oder Komödiantenmeisters, welcher der Besitzer des theatralischen Apparates, Inhaber der nöthigen Privilegien war und die Gesammtthätigkeit regelte, durchzogen diese Wandertruppen ganz Deutschland. Die älteste dem Namen nach bekannte Schauspielergesellschaft war die Carl Treu'sche, welche sich um 1622 in Berlin einfand. Aber alle Truppen dieser Zeit überragte um ein Beträchtliches die wahrscheinlich um 1670 gegründete „berühmte Bande" Johann Velthen's oder Veltheims. Ihr Leiter, meist Magister Velthen genannt, ein hochbegabter, gebildeter Mann, war eifrig bemüht, das Repertoire durch Aufnahme von Uebersetzungen ausländischer Dramen, besonders französischer, zu bereichern. Jedoch nicht nur in künstlerischer Beziehung ist die Velthen'sche Gesellschaft von großer Bedeutung, sondern sie ist auch deswegen bemerkenswerth, weil sich aus ihr die meisten der späteren besseren Truppen entwickelten. So entstammt ihr u. A. auch die Spiegelberg'sche Gesellschaft, von der bald weiter die Rede sein wird.

Neben der Velthen'schen Truppe beglückten aber noch zahlreiche andere Komödianten-Banden das Land mit ihren Vorstellungen.

---

[1] Vergl. Prutz, Vorlesungen über die Geschichte des deutschen Theaters, Berlin 1847; Devrient, Geschichte der deutschen Schauspielkunst, Leipzig 1848—74; Genée, Lehr- und Wanderjahre des deutschen Schauspiels, Berlin 1882.

Um die Mitte des 17. Jahrhunderts tauchten bereits die ersten Wandertrupen in Mecklenburg auf.¹) Da nun in späteren Jahrzehnten die meisten Wandergesellschaften, welche in Mecklenburg²) ihre Bühne aufgeschlagen hatten, auch Schwedisch-Pommern und besonders dessen Hauptstadt einen Besuch abstatteten, so ist es nicht unmöglich, daß Stralsund schon in der zweiten Hälfte des 17. Jahrhunderts derartige Gäste bei sich aufgenommen hat. Namhaft gemacht wird als erster Prinzipal Johann Adolph Humelius, welcher 1697 in Stralsund spielte, und in den folgenden Jahren wiederholt dorthin zurückkehrte. Erwähnt wird ferner, daß in der Zeit von 1697 bis 1713 mehrfach berufsmäßige Komödianten in Stralsund aufgetreten sind. Aber wer diese waren, woher sie kamen und wohin sie gingen, läßt sich heute nicht mehr feststellen. In den Jahren 1713 bis 1718 haben alsdann in Stralsund keine Aufführungen stattgehabt. Das Kriegsgetümmel jener Zeit ließ das Spiel der Musen verstummen. Im November 1719 fand sich ein Seiltänzer und Komödiant Carl Wilhelm Gebel in Stralsund ein, von dem aber nichts weiter berichtet wird.

Erst vom Jahre 1720 ab weiß man etwas Näheres über das Stralsunder Theaterwesen.³) Im Juni genannten Jahres nämlich

---

¹) Nach Rostock kamen englische Berufsschauspieler schon im Jahre 1606.
²) Vgl. Bärensprung, Versuch einer Geschichte des Theaters in Mecklenburg-Schwerin, Schwerin 1837; Lisch, Ueber die frühesten mecklenburgischen Hoftheater in den Jahrbüchern des Vereins für mecklenburgische Geschichte und Alterthumskunde, Schwerin 1837. Wedemeier, Beiträge zur Geschichte des Großherzoglichen Hoftheaters in Schwerin im Archiv für Landeskunde in den Großherzogthümern Mecklenburg, Jahrg. 1860 und 61; Ebert, Versuch einer Geschichte des Theaters in Rostock, Güstrow 1872; Koppmann, Zur Geschichte der dramatischen Darstellungen in Rostock im 16. und 17. Jahrhundert; Das Rostocker Ballhaus, in den Beiträgen zur Geschichte der Stadt Rostock. Heft I und II.
³) Vgl. „Stralsundische Zeitung" Jahrg. 1760—1834. Löwen, Geschichte des deutschen Theaters 1766. Schmidt, Chronologie des deutschen Theaters 1775. Reichard's Theater-Kalender, Jahrg. 1775—1800. Theater-Journal für Deutschland 1777—1784. Gallerie von Teutschen Schauspielern und Schauspielerinnen der älteren und neueren Zeit. Wien 1783. „Vademecum" Monatsschrift angenehmer

gab, von Rostock kommend, der Hofkomödiant des Königs von Großbritannien und Kurfürsten von Hannover **Christian Spiegelberg** Vorstellungen in Stralsund.¹) Die Spiegelberg'sche Truppe, welche im Jahre 1710 gleichzeitig mit der Denner'schen Gesellschaft

Unterhaltung für Herren und Damen. Herausgegeben von F. C. Groß. Greifswald 1820. „Sundine" Unterhaltungsblatt für Neuvorpommern und Rügen, Jahrgang 1827—1834.

¹) Die **Eingabe Spiegelbergs** an den Stralsunder Magistrat lautet:
  Wohlgebohrne Hochgeehrte Herren!

  Ew. Wohlgebohrnen wollen hochgeneigt zu perdoniren geruhen, daß Sie mit dieser meiner unterthänigster Vorstellung und Bittschrift alß ein gantz unbekandter incommodire unbt dabey in unterthänigstem Respect vortrage, waßmaßen in Ihro Königl. Maytt. von Großbritannien und Churfürstlichen Durchleuchtigkeit von Hannover Dienste ich alß privilegirter Hoff-Comoediant mit einer extraordinaeren schönen Bande agirenden Persohnen zu stehen die Ehre habe, unbt auff Höchstgedachter Königl. Maytt. und Churfürstl. Durchleuchtigkeit allergnädigsten permission an verschiedenen Orten unbt zwar anjetzo zu Rostock mit nicht geringem applausu meine wohlgesetzte comoedien bishero agiret, unbt solche noch ferner anderweitig zu agiren Deo volente intentioniret sey. Alß mir nun unter andern diese renommirte Stadt höchstgerühmt, unbt also hieselbst unbt zwar auf der Brauer-Compagnie agiren zu können, mir vor eine große Ehre und Glück achten würde, bevorauß da gantz nicht zweifle, daß sich viele Liebhabere in dem bevorstehenbem Johannis-Markte, welches sonsten jedermann freystehet, finben möchten, indessen mir jedoch sattsahm bekannt ist, daß ohne Ew. Wohlgebohrnen alß gebietender Stadtobrigkeit hohen und specialen concession mir ein solches nicht permittiret sey.

  So habe Ew. Wohlgebohrnen hierburch in unterthänigsten Respect imploriren wollen, Sie geruhen hochgeneigt, mir auff 6 Wochen allhie auff ber Brauer-Compagnie unb zwar nach bem Heiligen Pfingstfest, weil bis dahin in Rostock mich noch aufhalten werde, zu agiren speciale Concession zuertheilen; in meinem so unterthänigem Gesuche hochgeneigter und schleunigster deferirung gantz nicht zweifelnd, werde sothane bis dato noch unverbiente hohe affection Lebenslang nicht allein höchstens zurühmen, sondern auch zugleich mit aller ersinlichen veneration unbt in der That zu demeriren äußerst geflißen seyn unbt dagegen ersterben alß Ew. Wohlgebohrnen

        unterthänigster Knecht Christian Spiegelberg.
 Stralsund, ben 20. April 1720.

  Aus diesem im Stralsunder Rathsarchiv befindlichen Schreiben ergiebt sich die bisher nicht bekannte Thatsache, daß Spiegelberg ein **groß-**

entstanden war und anfangs bald vereinigt mit dieser, bald für sich allein spielte, nannte sich selbst „weltberühmte hochdeutsche Komödianten=Bande", obwohl sie nur auf niedriger Stufe gestanden zu haben scheint. Auch sonst verstand sie sich trefflich auf die Reklame. Sie verzierte ihre Theaterzettel, die sie in — bisher unbekanntem — großem Formate herausgab, mit Holzschnitten und Versen allerlei Art. So pflegte z. B. der Schluß der Ankündigungen in Hamburg [1]) zu lauten:

"Hier in der Fuhlentwiet[2]), dem Bremer Schlüssel über,
Da giebt man 16, 8, 4 Schilling und nichts drüber.
Es wird präzis fünf Uhr bei uns gefangen an,
Das ist allzeit gewiß und hiemit kund gethan."

In Stralsund sollte Spiegelberg[3]) für die ihm ertheilte Konzession den vierten Theil seiner Einnahme an die Armen zahlen, und um

---

britannisches Privilegium besaß. Es ist dieser Umstand wesentlich für die Geschichte der um das deutsche Theater so hochverdienten Karoline Neuber, welche sich im Herbst 1717 der Spiegelberg'schen Truppe anschloß. In seinem trefflichen Werke über die Neuberin ("Caroline Neuber und ihre Zeitgenossen", Leipzig 1881) theilt Freiherr v. Reden-Esbeck den vom 5. Februar 1718 datirten Trauschein Johann Neubers und Karol:ne Weißborns mit, in welchem Dokument beide als "Königl. Großbritannische und Churfürstl. Braunschw. Lüneburg. Hof-Comödianten" bezeichnet werden. Da Reden-Esbeck dem Spiegelberg ein solches Privilegium nicht zutraut, so glaubt er annehmen zu müssen, daß Neubers zur Zeit ihrer Verheirathung Spiegelberg schon verlassen haben, während das oben mitgetheilte Schreiben zur Gewißheit macht, daß im Februar 1718 Neubers noch der genannten Truppe angehörten.

Bemerkenswerth ist ferner in der obigen Eingabe, daß Spiegelberg den Taufnamen „Christian" führt. In seiner „Geschichte des Theaters in Braunschweig" berichtet A. Glaser, daß ein Prinzipal Christian Spiegelberg sich während einer Messe im Jahre 1711 zuerst in Braunschweig zeigte. Sonst ist überall nur von einem Johann Spiegelberg die Rede. Da aber nirgends berichtet wird, daß zwei Prinzipale Namens Spiegelberg existirt hätten, so ist anzunehmen, daß der bald Johann bald Christian benannte Spiegelberg ein und dieselbe Person ist und die Verschiedenheit des Taufnamens auf einem willkürlichen Wechsel beruht.

[1]) Vgl. Schütze Hamburgische Theatergeschichte 1794.
[2]) Fuhlentwiete, eine holprige, enge Gasse der Hamburger Neustadt.
[3]) Von den Spiegelberg'schen Schauspielern wird um diese Zeit nur ein gewisser Förster namhaft gemacht, der später auch als Prinzipal auf-

ihn zu kontroliren, sollte ein Rathsdiener jeden Abend am Kassentische die Aufsicht führen. Da Spiegelberg aber von der Anwesenheit des Beamten Verdruß und Weitläufigkeiten befürchtete, schlug er vor, sich mit einer reichlich bemessenen Pauschalsumme abfinden zu dürfen, ein Anerbieten, welches der Magistrat sofort acceptirte.[1]) Spiegelberg gab galante Haupt-Aktionen, molieresche Stücke und lustige Nachkomödien.

Im März 1723 wandten sich die **Hildeburghausen'schen Komödianten**, deren Prinzipal oder Direktor der Jude **Marcus Salomon** gewesen zu sein scheint, an den Magistrat zu Stralsund mit der Bitte, ihnen die Aufführung von Schauspielen gestatten zu wollen. Der Rath beschied sie jedoch abschlägig. Die Gründe zu solchem Verbot kann man Schriftstücken späterer Jahre entnehmen. Der Rath war der Ansicht, daß durch derartige Veranstaltungen nur der Bürgerschaft Gelegenheit gegeben werde, Zeit und Geld unnöthiger Weise zu verspielen und daß junge Leute durch die Anstößigkeiten und Derbheiten, die bei den Komödianten öfters vorkämen, leicht verdorben und auf Abwege geleitet würden. Gaukler und Possenspieler hätten keine andere Absicht, als den Leuten das Geld abzuzwacken. Dazu kam noch der Einfluß, der gegen das Komödienspiel eifernden (elenchisirenden wie es in den Schriftstücken heißt) Prediger. Die Hildeburghausen'schen Komödianten beruhigten

---

trat. Bei diesem Förster ward Schönemann zuerst Schauspieler. — Spiegelberg starb am 23. September 1732 zu Bergen in Norwegen.

[1]) Die **Spiegelberg'sche Gesellschaft** war die erste der deutschen Truppen, welche sich ins Ausland wagte. So zog sie in Dänemark, Norwegen und Schweden umher und erlebte dabei manch seltsames Abenteuer. Devrient erzählt, daß in Schweden bei einer Vorstellung von Adams Fall, als die Gerechtigkeit und Barmherzigkeit in der Glorie erschien, die zahlreich anwesenden Landleute andachtsvoll auf die Knie gesunken seien. — Und später, als nach einer tagelangen Irrfahrt auf dem gefrorenen Belt die Gesellschaft, bei der heftigen Kälte in alle möglichen Theaterkostüme gehüllt, ans Land trat, wußten die bestürzten Gothländer nicht, ob sie die wunderbaren Gäste verehren oder fürchten sollten. Bei dieser Gelegenheit hatten sich alle Frauen der Gesellschaft die Füße erfroren und einer Schauspielerin mußten sogar die großen Zehen beider Füße abgelöst werden und erst nach fünf Monaten konnte sie, und auch nur sitzend, wieder spielen.

sich aber bei dem Bescheide des Rathes nicht: sie wandten sich mit
der Bitte um Bewilligung der Konzession an die Regierung. Und
diese erfüllte ihren Wunsch durch folgenden Erlaß vom 1. April 1723:
„Auff der Hildeburghausen'schen Comoedianten übergebenes
Memorial ergehet hiemit zum Bescheid: Daß Supplicanten Kraft
dieses vergönnet werde, einige Comoedien mit geziemender Ehrbahrkeit
zu praesentiren."

Da aber die Schauspieler-Truppe ohne Genehmigung des
Magistrats keines von den in Frage kommenden Kompagnie-
Häusern für ihre Vorstellungen erhalten konnte, mußte sie nochmals den Rath angehen. Nunmehr willigte auch dieser ein und erlaubte den Älterleuten der Brauer-Kompagnie¹), ihr Haus zu
vermiethen. Gleichzeitig beschloß der Rath aber, der Königlichen
Regierung zu erklären, daß sich die Komödianten aus eigener Initiative
und ohne Einverständniß mit den Bürgermeistern an die Regierung
gewandt hätten, und daß mit dem jetzigen Nachgeben des Rathes
kein Präcedenzfall geschaffen werden solle. Da aber die Regierung
die Rechte des Raths betr. die Zulassung oder Abweisung von
Schauspieler-Gesellschaften nicht ausdrücklich anerkennen wollte, legte der
Magistrat Berufung beim Tribunal in Wismar ein. Dieser
Kompetenz-Streit, der in den folgenden Jahren anläßlich der Kon-
zessions-Nachsuchung anderer Komödianten wiederholt neue Nahrung
erhielt, hat sich eine beträchtliche Zeit hingezogen; eine Entscheidung
über ihn liegt nicht vor. Gegen Ende des achtzehnten und am
Anfang des neunzehnten Jahrhunderts bestand ein Abkommen, dahin
gehend, daß Schauspieler-Gesellschaften in Stralsund nur dann ihrem
Gewerbe nachgehen durften, wenn sie die Konzession sowohl von der
Regierung als vom Magistrat erhalten hatten. Erstere pflegte ihrer-
seits damals die petitionirenden Direktoren ausdrücklich darauf aufmerksam zu machen, daß sie auch die Erlaubniß des Raths ein-
zuholen hätten. Endlich 1813 wurde durch ein Reskript der König-

¹) Brauerkompagniehaus, Heiligegeiststraße Nr. 76, seit 1846
im Privatbesitz. Das schon seit alter Zeit im Besitze des Brauer befindliche Haus brannte am 15. Juli 1680 ab. Der Neubau, 1686 vollendet, diente hauptsächlich geselligen Zwecken.

lichen Regierung vom 17. April die Befugniß des Rathes zu spezieller Konzession theatralischer Vorstellungen in Stralsund ausdrücklich anerkannt. Unter der preußischen Herrschaft war bestimmt, daß die Inhaber einer General-Konzession auch die Erlaubniß der Ortsbehörde einholen mußten.

Ungeachtet des erbitterten Zwistes beider Behörden spielten die **Hildeburghausenschen Komödianten** bis Ende April im Saale des Brauer-Kompagnie-Hauses, in dem sie eine Bühne aufgeschlagen hatten — ein eigentliches Theater existirte damals in Stralsund nicht — und fanden bei der Einwohnerschaft, wenigstens bei den unteren Kreisen derselben, viel Beifall und regen Besuch. Als **Abgabe** mußten sie den Ertrag einer obrigkeitlich bestimmten Vorstellung der Armenkasse zufließen lassen.

Im Juni 1723 fanden alsdann Vorstellungen des **Friedrich Jakob Gehrmann** mit seinen holländischen Seiltänzern und Luftspringern statt.

Der nächste dem Namen nach bekannte Schauspieldirektor ist **Carl Knauth**[1]), der von Mitte April bis Mitte Mai 1724 in Stralsund spielte. Ihm folgte im Herbst desselben Jahres ein mit Namen nicht aufgeführter **Marionettenspieler**, der „gar gemeine Zoten und Unfläthereien und sogar gotteslästrige Sachen" auf die Bühne brachte, so daß die Prediger[2]) sich sehr entrüstet haben. In diesen

---

[1]) **Knauth** hatte einer der schon früher in Stralsund spielenden Truppen angehört. Als Direktor kam er ebenfalls von Rostock nach Stralsund. In ersterer Stadt war ihm die Konzession bald entzogen worden wegen Streitigkeiten, welche in Folge des Theaters zwischen Offizieren und Studenten entstanden waren.

[2]) Eine Eingabe der **Stralsunder Geistlichkeit** vom Juni 1745 an den Magistrat lautet:

Wir haben mit nicht geringer Betrübniß wahrgenommen, wie allerhand Gauckler und Comoedianten abermal sich bey uns allhie eingefunden, auch albereit aufm Marckt aufgebauet haben. Wenn nun dergleichen Leute Stadt und Land nicht allein höchst schädlich, und verderblich sind; sondern auch außer streit in einem sündlichen Beruf stehen, bey alten und jungen Leuten ärgerniß anrichten, und also die Sünden, und das Verderben unser Stadt nur vermehren helfen; So ergehet an Ew. Wohlgeb. pp. unsere hochzuehrenden Herrn, unser

Zeiten kam es übrigens vielfach vor, daß die Prinzipale abwechselnd mit lebenden Menschen und mit Marionetten spielten.

Gewarnt durch die üblen Erfahrungen des Vorjahres, machte der Rath dem Jürgen Friedrich Schweiger gegenüber, der sich Anfang Mai 1725 um die Konzession bewarb, mannigfache Schwierigkeiten, obwohl die Darlegungen des Künstlers recht kläglich und Mitleid erweckend klangen. Er habe so viele Kosten auf die Reise verwandt und setze sich außerdem noch dem Zufall aus, ob er etwas verdienen werde oder nicht, da bei der guten Jahreszeit die Menschen sich lieber außerhalb der Thore belustigten, als zur Schaubühne kämen. Er sei „gäntzlich ruiniret", wenn er in Stralsund nicht „Agiren" dürfte. Wiederum war die Regierung freierer Anschauung als der Magistrat. Sie erlaubte dem Schweiger mit seinen Figuren und Maschinen vierzehn Tage lang in Stralsund zu spielen, jedoch „nichts andres, als was Ehrbahr und anständiglich" ist.

Der Vorgang bei Ertheilung aller dieser Konzessionen ist fast immer genau der gleiche. Die Schauspiel-Direktoren wenden sich zuerst an den Rath, welcher ihnen die Erlaubniß zu spielen verweigert; alsdann erlangen sie die Zustimmung der Regierung, worauf der Rath nach Wismar appellirt. Dies geschah auch im Frühjahr 1725, obgleich die Regierung ausdrücklich erklärte, sie wolle, nachdem die Spielzeit Schweigers beendet sei, in Zukunft keine Konzession mehr ertheilen.

Doch schon im Frühjahr 1726 finden wir zu Stralsund wiederum eine Schauspielergesellschaft in vollster Thätigkeit. Zu dieser Zeit

gehorsames, dabey aber auch hertzliches, und inständiges Suchen, solchen Leuten ihr sündliches, und ärgerliches Handwerck alhie zu treiben, nicht zu verstatten; sondern ihnen sofort anzubefehlen, ihre Buden wieder abzubrechen, dadurch ohnedem gar leicht eine Feuers Brunst entstehen könte, wir auch gewis durch Zulaßung solcher Sünden göttliche Strafe auf uns lahden. Zugeschweigen, daß man uns sonsten gantz gewis alsdann vorwerfen würde, sonderlich zu dieser Zeit, daß wir fromme Brüder von uns wegzuschaffen suchten, die das Christenthum befördern wolten hingegen solche unter uns litten, die alles Böse, und gottlose Wesen anrichten, und vermehren. Getröst, einer geneigten erhörung und willfahrung; mit allem gehorsamen respect verharrend
(Unterschrift.)

gab David Holzwart¹), der Prinzipal der Sächsischen Hof-Komödianten, Vorstellungen, und im Januar 1731 nahm seinen Platz ein Titus Maaß, Hochfürstl. Baden-Durlachscher Hof-Komödiant.²)

---

¹) Holzwart, aus Memmingen gebürtig, ging von Stralsund nach Strelitz, wo er mit allen seinen Acteurs Hofbedienten-Kleider tragen mußte. Die Strelitzsche Bühne dauerte nur von 1726—1731.

²) Die Baden-Durlach'schen Hof-Komödianten führten, nach alten Stralsunder Theaterzetteln u. a. folgende Stücke auf:

Eine gewiß sehens-würdige ganz neue Haupt-Action, genannt: Die remarquable Glücks- und Unglücks-Probe/ Des Alexanders Danielowitz Fürsten von Menzikopff/ Eines grossen Favoriten/ Cabinets-Ministers und Generalen Petri I. Czaaren von Moscau/ Glorwürdigsten Andenckens/ Nuhnmero aber von den höchsten Stuffen seiner erlangten Hoheit/ bis in den tieffsten Abgrund des Unglücks gestürtzten veritablen Belisary, Mit Hans Wurst/ ein lustiger Pasteten-Junge,/ und kurtzweiliger Wild-Schütz in Siberien.

(Vergleiche die beigeheftete genaue Nachbildung dieses Theaterzettels.)

(In Berlin wurde die Auffführung dieses Stückes aus politischen Rücksichten untersagt.)

Die Erschaffung des gefallenen und wieder auffgerichteten Menschen Adam und Eva/ Nebst Dem Garten Eden. In welchem allerhand Thiere/ Vögel/ das Meer/ nebst unterschiedlichen seltsamen Wunder-Thieren zu sehen.

Kurtzer Inhalt.

MIchael/ der Engel/ welcher den Lucifer an Ketten gebunden/ mit seinem Anhang in den Abgrund stürtzet/ und von ihm darüber eine Lament-Aria gesungen wird.

Actus I. Scena 1. Der Garten Eden,/ mit allerley Thieren/ in welchem sich allerhand Gesang der Vögel hören lassen/ Adam wird aus der Erde erschaffen/ empfähet das Leben,/ und rühmet in einer anmuthigen Aria seinen glückseeligen Staub/ und bei solcher Anmuth legt er sich nieder und entschläfft. — Scena 2. Eva aus einer Rippe Adams erschaffen/ preiset unter einer schönen Arie des Schöpffers Güte. — Scena 3. Adam/ nachdem er erwachet/ empfähet sie zu seinem Weibe/ und gehet unter Liebkosung vergnügt mit ihr ab.

Actus II. Lucifer fodert seine Geister zusammen/ und gehet mit ihnen zu Rathe/ wie die Menschen zum Fall bringen/ wozu sich endlich Sobi aufwirfft/ solches ins Werk zu richten.

Actus III. Scena 1. Sobi/ in Gestalt der Schlangen/ bringt durch List Eva zum Fall. — Scena 2. Adam/ dem sie die Süßigkeit dieses Baumes vorredet/ isset auch davon/ und nachdem sie beyde ihre

Mi

Hoch-Fürstl.

Hoff-

mit ihren gr

Eine gewiß

Die rema

Alexan

ster

Eines g

Petri

Prinzipalin Elisabeth Spiegelberg.

Im Juni 1734 wurde ein Marionettenspieler, welcher sich ein Decennium vorher durch Anstößigkeiten unliebsam bemerkbar gemacht hatte, von Regierung und Rath in Uebereinstimmung kurzer Hand abgewiesen. Im Herbst desselben Jahres sah sich jedoch der Magistrat geradezu gezwungen, theatralische Aufführungen zu gestatten. Es hatte nämlich die „Königlich Groß-Brittanische und churfürstlich Braunschweigische und Lüneburgische Spezial privilegirte Hof-Actrice"[1]) Elisabeth Spiegelberg[2]) mit ihrer Truppe die Preußischen Lande verlassen, da dort wegen Landestrauer keine theatralischen Veranstaltungen stattfinden durften, und war nach Norwegen gezogen. Als auch dort unerwartet Landestrauer eintrat und infolgedessen die Vorstellungen ebenfalls verboten wurden, kehrte die Spiegelbergerin mit ihrer Gesellschaft wieder um und kam zu Schiff in höchster Noth und in einem kläglichen Zustande im Oktober 1734 in Stralsund an. Falls die Stadt die Komödianten, die nur das Allernothwendigste besaßen, nicht aus eigenen Mitteln weiter befördern oder auf Kosten der Bürger bei sich dulden wollte, mußte sie ihnen gestatten, sich durch einige Vorstellungen ihren Unterhalt zu verdienen. Hierzu entschloß sich denn auch der Rath und ertheilte der Spiegelbergerin die Kon-

---

Fehler erkennet/ daß sie nackend/ nehmen sie die Flucht. — Scena 3. Lucifer/ mit seinen Geistern/ wird durch Sobi der Menschen Fall verkündiget/ worauff sie insgesammt ein frolockendes Triumph-Lied anstimmen. — Scena 4. Die Göttliche Stimme und Zorn-Rache über Adam und Eva/ und Fluch auf die Schlange.

Actus IV. Scena 1. Die Gerechtigkeit und Barmherzigkeit in einer Wolcken erscheinet, die eine zu straffen/ die andere aber Gnade zu erweisen. Worauff sie auff Befehl Göttlicher Stimme endlich zu Gnaden auff und angenommen werden. — Scena 2. Ein Cherubim mit einem blossen Schwerdt, so Adam und Eva aus dem Paradies vertreibet/ und also diese schöne Action unter einer Aria sich schliesset.

Wann diese Haupt-Action vorbey/ soll eine recht extraordinair lustige Nach-Comoedie schliessen.

[1]) Vergl. hinsichtlich des Privilegiums Seite 14, Anmerkung 1.

[2]) Wittwe des 1720 in Stralsund spielenden Spiegelberg. Ihre Truppe löste sich 1739 auf; sie selbst trat in die Schönemannsche Gesellschaft ein und starb 1757 zu Hamburg. Ihre jüngste Tochter ist als Madame Eckhof berühmt geworden.

zession auf 14 Tage unter der Bedingung, daß dabei alles Aergerniß vermieden werde. Kaum hatte jedoch die Gesellschaft eine Woche lang gespielt, als die Regierung die Aufführungen verbot. Es geschah dies keineswegs, um das Komödienspiel selbst zu unterdrücken, denn die Regierung äußerte, daß sie, wenn die Schauspieler sich an sie, die Regierung, wenden wollten, wohl geneigt wäre, das Verbot rückgängig zu machen. Es war vielmehr lediglich auf eine Kränkung und Verkleinerung des Rathes und auf eine Beschneidung dessen Rechte abgesehen. Die Folgen von dem Vorgehen der Regierung waren denn wiederum heftige Fehden und wiederholt bittere Klagen des Rathes beim Wismarer Tribunal.

Den Komödianten war es selbstverständlich gleichgültig, wer ihnen die Erlaubniß zu Schaustellungen gab. Die Spiegelbergerin suchte daher klüglicherweise den Widerruf des Verbots bei der Regierung zu bewirken und erhielt auch sofort die Konzession, so daß sich der von der Regierung durch das anfängliche Verbot verfolgte Plan aufs Deutlichste enthüllte. Die etwa zwei Wochen unterbrochenen Vorstellungen konnten bis Anfang Dezember fortgesetzt werden.

Anfang Januar 1735 suchte Cornelie von Eckenbergerin, die Prinzipalin der Königl. Preußischen Hof-Komödianten und Seiltänzer, welche damals in Stettin spielten, die Erlaubniß nach, während einiger Wochen in Stralsund Vorstellungen geben zu dürfen. Dem Gesuche wurde aber nicht stattgegeben, da sich erst kurz vorher eine Schauspieler-Gesellschaft in Stralsund aufgehalten und die Bürger sehr belästigt hatte.

Hier mag eine kurze Unterbrechung gestattet sein, um einige Bemerkungen über den Zustand des Theaterapparates in der ersten Hälfte des 18. Jahrhunderts mittheilen zu können. Der Dekorations- und Koulissenschatz, welchen eine ambulante Truppe mit sich schleppen konnte, durfte, wie Eduard Devrient darlegt, natürlich nur klein sein; abgesehen also von dem lumpigen Zustande, in welchem er sich meistens befand, war man in die Nothwendigkeit versetzt, ein und dieselbe Dekoration sehr verschiedenen Ortsbezeichnungen dienen zu lassen. Der gewöhnliche Dekorationsbestand untergeordneter Truppen, wie sie fast ausschließlich in Stralsund spielten, war: ein

Wald, ein Saal und eine Bauernstube. Natürlich mußte der Wald jede freie Gegend darstellen, den zierlichen Garten wie die Wildniß, die öde Haide, wie das lieblichste Land, jede Zone und jede Jahreszeit. Der Saal mußte stattliche Interieurs aller Baustile, aller Nationen und aller Zeiten repräsentiren, die Bauernstube aber zugleich Kerker und Zauberhöhle sein.

Das Kostüm hatte gegen die früheren Zustände keine wesentliche Veränderung erfahren. Bei den Theatern, welche sich fürstlicher Unterstützung erfreuten, war es auf konventionelle Weise geordnet. Da hatte man romanische und türkische Kleider für die vorzeitlichen und asiatischen Dramen, während alle mittelalterlichen Stücke in einer phantastischen Tracht gespielt wurden, welcher die damals moderne Kleidung zu Grunde lag. Der phantastischen Tracht durfte bei den Männern ein ausgesteiftes beflittertes Röckchen nicht fehlen, sowie ein Helm, mit einem Walde von himmelhohen Federn beladen, auf der gepuderten Frisur. Nur Priester, Zauberer und dergl. durften Bart und Haar charakteristisch tragen. Die Damen bewahrten unter allen Umständen ihre Frisur, mit Diadem-Schmuck, Federn und Blumen überhäuft, und verzierten ihre ungeheuren modernen Reifröcke in der Weise, die sie für römisch, türkisch oder mittelalterlich ausgaben.

Bei den Wandertruppen dagegen lief die Behandlung des Kostüms auf einen barocken Aufputz der täglichen Kleidung hinaus. Bei dem weiblichen Anzuge war mit Federn, Schleiern, Ueberwürfen und Besätzen viel geleistet, und die Budenkomödiantinnen unterließen nicht, sich mit Plunder und Fetzen aller Art und einem verschwenderischen Aufwande von Goldpapier zu bedecken. Selbst bei den besseren Truppen, die sich vor den Höfen sehen lassen durften, scheint die Ueberladung mit Putz herrschend gewesen zu sein. Bei dem männlichen Personal blieben namentlich die Unterkleider der herrschenden Mode unantastbar und darum war der Besitz der schwarzen Sammtbeinkleider für jeden mimischen Künstler von ernster Bedeutung. Mochten nun römische, assyrische oder mittelalterliche Helden vorgestellt werden, bei den kurzen Sammthosen, weißen Strümpfen und Schnallenschuhen hatte es ein für allemal sein Bewenden. Daher auch die stereotype Frage des Prinzipals an den

Neueintretenden: „Ist der Herr eines Paares schwarzsammtner Bein=
kleider mächtig?" — Auch der breitschößige Rock, die lange Weste jener
Zeit blieb den europäischen Helden aller Zeiten, eine Schärpe darüber,
ein Königsmantel um die Schultern vermochte schon viel aus=
zudrücken, und die gepuderte Allongeperrücke, unantastbar unter allen
Umständen wie die Sammethose, machte sich nicht weniger stattlich unter
dem Helm, wie unter dem Federhut. Selbst zu dem Turban bequemte
sie sich, wenn nur ein Aeußerstes geschah und für die orientalischen
Stücke fremdartige Oberkleider geliefert wurden. Das Schlimmste
an dieser Kostümperiode war der Mangel an Uebereinstimmung und
Prinzip, wodurch der willkürlichen Putzsucht freie Hand gegeben war.

    Doch kehren wir zur Stralsunder Bühne zurück.

    Im Juni 1737 spielte in Stralsund die zwölf Personen zählende
Truppe der Sachsen=Weimarischen Hof-Komödianten [1]) unter Leitung
des Prinzipals Johann Friedrich Lorentz und 1743 und 1744
Direktor Carl Friedrich Reibehand. Der letztere hat den
Gipfel der Dürftigkeit, in künstlerischer wie in materieller Hinsicht,
erreicht. Seines Zeichens ursprünglich ein Schneider, soll er anfangs
mit Marionetten, später mit lebenden Acteurs umhergezogen sein und
überall einen so ganz erbärmlichen Geschmack verbreitet haben, daß
sein Name geradezu sprüchwörtlich geworden ist und man in früheren
Jahren, um den äußersten Verfall der Schauspielkunst zu bezeichnen,
von einer Reibehand'schen Komödie zu sprechen pflegte.[2])

---

    [1]) Schütze weist in seiner Theatergeschichte darauf hin, daß die Fürsten
und Großen des Deutschen Reiches an der Verbreitung des elenden, sitten=
und geschmacklosen Schauspiels nicht wenig schuld waren. Sie begünstigten,
zum Nachtheil des regelmäßigen Schauspiels, die Horden der schlechten
Komödianten, ertheilten Privilegien über Privilegien, und ein umher=
streifender Pöbelprinzipal fand, wo er hinkam, Schutz, Duldung und Unter=
stützung. Und dies um die Mitte des Jahrhunderts, wo eine Neuberin
wenig Sicherheit und Hülfe fand, und mit ihrem sittlichen, regelmäßigen
Schauspiel, wo sie hinkam — darben mußte! Die Großen des Hofes in
Wien und Berlin nahmen sich der Hanswurstpossen noch in der Mitte des
Jahrhunderts mit Eifer an und wollten das regelmäßige Schauspiel nicht
aufkommen lassen.

    [2]) Eine Probe von Reibehands Manier giebt folgende Anecdote: Als
er sich einst als Orosmann erstach und ein lustiger Kopf ancora rief, stand
er auf und erstach sich noch einmal.

Die Prinzipale Rabemin und Schönemann. 25

Während der nächsten Jahre stellten sich dann in Stralsund ein 1747 der Königlich Preußische Hof-Komödiant Rabemin, 1750 die berühmte Johann Friedrich Schönemann'sche Gesellschaft [1]), welche von Rostock nach Stralsund kam und von dort nach Hamburg ging, im Mai 1752 die aus 16 Schauspielern bestehende Truppe Johann Cunier's und im Juni desselben Jahres Direktor Johann Kunniger. — Mit der Schönemann'schen Truppe ist wahrscheinlich auch einer der größten deutschen Schauspieler, Konrad Ekhof,[2]) in Stralsund gewesen. Denn der „deutsche Roscius" hat

[1]) Schönemann, geboren 21. Oktober 1704 in Kroffen, betrat 1724 in Hannover die Bühne, kam 1730 zur Neuber'schen Truppe, begründete 1739 eine eigene Gesellschaft, die 1740 ihre Vorstellungen in Lüneburg eröffnete und darauf in Leipzig, Hamburg, Breslau, Berlin, Hannover, Halle und Braunschweig Vorstellungen gab. Schönemann's Gesellschaft war nie zahlreich, aber immer aus einem Kern guter Leute zusammengesetzt. Und in der That sorgte das Glück besonders für diesen Prinzipal, indem mehr das Genie und der Fleiß seiner Mitglieder den Glanz der Gesellschaft erhöhten, als seine eigenen Einsichten. Schönemann führte zuerst die besten Stücke der Ausländer in Deutschland ein und war stets bemüht, gute Originale, so wie sie erschienen, darzustellen. Er wirkte 1750—56 als Hofcomödiendirektor in Schwerin, spielte dann noch kurze Zeit in Hamburg und zog sich 1757 vom Theater zurück. Er starb am 16. März 1782 zu Schwerin. (Vergl. Devrient, Geschichte der deutschen Schauspielkunst, Brockhaus, Konversations-Lexikon. Schmidt, Chronologie des deutschen Theaters.)

[2]) Ekhoff, geboren 12. August 1720 zu Hamburg, war Schreiber bei dem schwedischen Postkommissar zu Hamburg, kam dann nach Schwerin zu einem Advokaten und ging 1739 zur Schönemann'schen Gesellschaft. Bis 1757 begleitete er diese Truppe, begründete bei ihr eine theatralische Akademie und war auf die Direktionsführung einflußreicher als Schönemann selbst. Gleich stark im Tragischen wie im Komischen wurde er für seine Kunstgenossen ein Muster und der eigentliche Schöpfer der deutschen Bühnenkunst. 1757 kam er in Danzig zur Schuch'schen Gesellschaft, übernahm dann selbst mit Andern einige Zeit lang die Schönemann'sche Gesellschaft, die er in Lübeck an Koch abtrat, um nun bei diesem bis 1764 zu spielen. Sein nächstes Engagement führte ihn zu Ackermann. Dann wurde er Mitglied des durch Lessings Dramaturgie berühmt gewordenen Nationaltheaters in Hamburg und 1769 der Seyler'schen Gesellschaft, die er 1774 verließ, um Mitdirektor des Hoftheaters zu Gotha zu werden, wo er am 16. Juni 1778 starb. (Vergl. Brockhaus Konversations-Lexikon 1892 und den Nachtrag zum siebenten Stück des Theater-Journals 1778).

sich 1739 der genannten Gesellschaft angeschlossen und hat ihr ohne Unterbrechung bis 1757 angehört. — Die Vorstellungen Cunier's haben sich von allen Anstoß erregenden oder verletzenden Derbheiten frei gehalten und auf seiner Bühne konnte man — soviel bekannt — den Harlequin oder Hanswurst nicht mehr finden. Er führte schon Stücke von Gottsched, Gellert, Johann Elias Schlegel, Destouches und Moliere auf. — Dagegen standen die Leistungen seines Nachfolgers — ähnlich wie die Reibehands — auf einer sehr niedrigen Stufe. Johann Kunniger, der Sohn eines Leipziger Stadtsoldaten, war in seinen jüngeren Jahren ein berühmter Taschenspieler, Equilibrist, starker Mann und Zahnarzt. Darauf legte er sich Marionetten zu und erwarb sich damit einige Tausend Thaler. Seine Gesellschaft war zuweilen so stark, daß er mit lebendigen Personen allerlei Burlesken spielen konnte. Als er 1752 seine zweite Frau heirathete, die eine gute Bildung besaß, legte er seine Marionetten ganz bei Seite und spielte mit lebendigen Personen burleske und regelmäßige Stücke. In Stralsund war sein Aufenthalt nur von kurzer Dauer. Wohin er sich von dort begeben hat, ist unbekannt.[1])

Im Januar 1765 traf, von Lübeck kommend, Johann Martin Leppert[2]) in Stralsund ein. Leppert, geboren zu Leipzig, als der

---

[1]) Von den ferneren Schicksalen Kunnigers sei noch folgendes mitgetheilt: Im Jahre 1755 übergab er seine Gesellschaft und sein Theater an Herrn Amberg, in der Absicht, sich zur Ruhe zu setzen. Er kaufte sich darauf zu Altona an und wollte eine Wirthschaft anfangen. Da dies aber nicht gelingen wollte, kehrte er nochmals zu den Marionetten zurück, baute eine große Bude zu Altona und schaffte sich endlich auch wieder lebendige Puppen an. Von Altona aus unternahm er Reisen ins Holsteinische, die ihm aber sein ganzes Vermögen verzehrten. 1758 übernahm er die bisherige Amberg'sche Truppe aufs Neue. Kunniger starb in trauriger Lage 1761 zu Itzehoe.

[2]) Die Broschüre: „Die wahre Schilderung der Bühne des Herrn Lepperts, darin sowohl die Fehler, als auch die merkwürdigen Stellungen der Herren Acteurs und Actricen, mit hinlänglichen Gründen angeführet, und aus wahrer Freundschaft, zur Besserung derselben, entworfen durch N. N." (Lübeck und Leipzig 1766) — giebt in der Form von offenen Briefen eine Kritik von dreizehn der Hauptkräfte der Gesellschaft.

Sohn eines dortigen Raths-Salzfaktors, war anfangs Läufer bei dem Grafen Schmettau, der damals noch als Baron in Leipzig studirte, dann Hofnarr August II., nach dessen Tode lustiger Rath bei dem Grafen Brühl, auf dessen Privattheater er sich schon öfters in Rollen geübt hatte. 1750 schloß er sich der Koch'schen Schauspieler-Gesellschaft an, zu der er bis zum September 1752 gehörte. Leppert war nur ein Schauspieler zweiten Ranges. Schon seine überaus kleine Statur gestattete ihm nur komische Rollen, aber ein unmäßiger Hang zu Uebertreibungen und extemporirten Zusätzen machte ihn auch hier nur zu Karikaturrollen tüchtig. Die lächerlichste Parodie war es, wenn er den Essex oder ähnliche Rollen spielte. Ueber die Schicksale Lepperts in den Jahren 1752—1762 ist nichts bekannt. Im letztgenannten Jahre übernahm er die Josephische Gesellschaft und zog mit dieser von Stadt zu Stadt; Burlesken und Meisterstücke galten ihm gleich. So spielte er u. A. in Basel, Kassel und Rostock (1764). Nach Stralsund brachte Leppert eine aus 30 Personen bestehende Gesellschaft deutscher Schauspieler, italienischer und französischer Sänger und Tänzer. Gerühmt wurden seine Ballette, die sein Balletmeister Curioni einstudirte.[1]) Die ersten Schauspieler der Gesellschaft waren: die Damen Schmelz, Koller, Lucius, Rögelin, Kirchhoff, Bäck und Curioni und die Herren Schmelz, Rögelin, Schulz, Kirchhoff, Lük, Schmidt und Hölzel. Viele dieser Künstler waren sowohl als Schauspieler wie als Tänzer thätig.

---

[1]) Ueber die Ballete schreibt der Verfasser der genannten Broschüre: „Da ich nun die ganze Bühne unpartheyisch und blos in Absehung der Besserung durchgegangen, so kann auch nicht unterlassen, von den Tänzern des Herrn Lepperts etwas anzuführen. Der viele Umgang mit Kennern derselben, wie auch das ofte Sehn der Ballets an unterschiedlichen Höfen, giebt mir so viel Erleuchtung, daß ich meiner Seits behaupte, daß der Herr Curijoni nicht allein rühmliche Einsicht darinnen hat, sondern auch seinen Körper sehr reizend bewegt, das Uebrige nimmt mit den Jahren ab, und daß der Herr Tanti zwar ein sehr guter Springer, aber wenig regelmäßiges hat, daß er den Körper sehr schlecht führet, daher ich frey gestehe, daß ich mir wohl wünschte einen Tänzer zu sehen, der des Herrn Curijoni seine regelmäßigen Beobachtungen nebst den obern Körper, und des Herrn Tant eine Füße hätte, ich hoffe alsdenn, daß ein sehr guter Tänzer erscheinen müsse."

Alle diese Stralsunder Veranstaltungen fanden, wie wohl ziemlich sicher ist, im Hause der Brauerkompagnie statt.¹) Näheres weiß man aber über die Stralsunder Theater-Aufführungen der ersten Hälfte des achtzehnten Jahrhunderts nicht, da die nur in ganz vereinzelten Jahren erscheinenden Zeitungen sich nicht mit der Bühne befaßten und von Theaterzetteln aus damaliger Zeit sich nur sehr wenige bis auf den heutigen Tag erhalten haben. Ein wenig genauere Kenntniß haben wir erst von der Zeit ab, da ein wirkliches Theater in Stralsund bestand.

Die Gründung des ersten Schauspielhauses dankt die Stadt Stralsund einem Zufall. Von der unter Protektion des Königs stehenden großen Loge von Schweden war am 18. August 1762 in Stralsund die Freimaurerloge „Zur Eintracht" gestiftet worden, deren erster Meister vom Stuhl Christian Ehrenfried von Charisien²) war. Diese Loge³) hatte, einer Anregung vom

---

¹) In vielen Städten pflegten von den letzten Decennien des 17. Jahrhunderts ab die Schauspiel-Aufführungen in Ballhäusern, benannt nach dem damals sehr beliebten Ballspiel, oder in Fechthäusern stattzufinden. In Städten, die kein passendes Lokal für theatralische Veranstaltungen besaßen, mußten die Komödianten eine Bretterbude aufschlagen, die bei ihrem Fortgange wieder abgerissen wurde.

²) Charisius, geb. 20. September 1722 wurde am 14. Januar 1747 Syndikus der Stadt Stralsund, 1757 Protosyndikus, 1764 Bürgermeister und 1766 charakterisirter Landrath. Er wurde dann zum Assessor beim Königl. Schwedischen Tribunal in Wismar erwählt und starb daselbst am 17. Mai 1773.

³) Die Freimaurer-Gesellschaft trat zum ersten Male im Jahre 1763 mit einem Wohlthätigkeits-Concert in die Oeffentlichkeit. Die Anzeige in der „Stralsundischen Zeitung" lautet:

Da ein Theil der hier anwesenden Freymäurer-Gesellschaft, zum bestten armer verabschiedeter und im jüngst geendigten Kriege bleßirten Soldaten, die sich alhier befinden, entschlossen ist, am nächstkommenden Freytag, den 18ten dieses, alhier auf der Brauer-Compagnie im großen Saal, eine Paßionsmusik anführen zu lassen; So wird solches hiedurch öffentlich kund gemachet, auch alle und jede Liebhaber, sowol höhern als bürgerlichen Standes, welche dieser Paßionsmusik und Conzert beywohnen wollen, hiemit respective eingeladen; und werden deshalb am Mittwoch, Donnerstag, und noch am Freytage, Billets d' Entrées in des Weinhändlers Herrn Engelmanns Hause, von dem Hn. Feld-Caffeur Olander.

Die Gründung des alten Schauspielhauses.

schwedischen Hofe folgend, sich nicht lange nach ihrer Stiftung die Aufgabe gestellt, ein Waisenhaus in Stralsund zu gründen, „so dem Stockholmer Freymäurer Waisenhause in allen Stücken ähnlich werden soll, um in demselben Fündelkinder, elternlose und solche Kinder, deren Eltern unvermögend sind, anzunehmen, zu unterhalten und durch eine ihren Fähigkeiten gemäße Erziehung zu nützlichen Gliedern des Staates zu bilden." Hierfür kaufte die Loge das Grundstück Lit. D. Nr. 65 — heute Mönchstraße Nr. 18 — an, das damals bis zu Lit. D. Nr. 76 — heute Mühlenstraße Nr. 30 — durchging.[1]) Dieses etwa 13 300

und unter dessen Direction, für 2 Thl. ausgegeben. Der Anfang ist Abends um 6 Uhr, und wird die löbliche Freymäurer=Gesellschaft dabey in ihrem gewöhnlichen Ordens=Habit erscheinen. Damit nun die eingehenden und nach Abzug der Kosten übrigbleibenden Gelder, durchgängig zu dem abgezielten Endzweck, nemlich für arme, bleßirte und verlähmte Soldaten, die ihren nothdürftigen Unterhalt zu erwerben außer Stande sind, als eine Wohlthat und geringe Vergeltung ihrer Treue, wohl eingetheilet und nach Verdienst zugewandt werden können, wird man bey allen hiesigen Regimentern um ein Verzeichniß aller der gleichen Hülfsbedürfenden anhalten, und danächst, wenn die Austheilung geschehen, dem Publico die Namen derjenigen, die an dieser Beyhülfe Theil genommen, auch wie viel Jeder bekommen, durch eine gedruckte Liste mittheilen.

Stralsund, den 12. März 1763.

[1]) Die Stadt war damals in vier Quartiere getheilt, welche durch die Hauptverkehrsadern, die Ossenreyer= und die Heiligegeiststraße und deren Verlängerungen, gebildet waren. An dem Durchschnittspunkt der beiden erwähnten Straßen — er wurde vom Volksmund „Vierböhren" genannt — stießen die vier mit den ersten Buchstaben des Alphabeths bezeichneten Quartiere zusammen. Das nordöstliche Quartier hieß das St. Nicolai=Quartier oder Lit. A, das südöstliche das St. Jacobi=Quartier oder Lit. B, das südwestliche das St. Marien = Quartier oder Lit. C und das nordwestliche das St. Jürgen=Quartier oder Lit. D. Die Häuser jedes Quartiers waren fortlaufend nummerirt. Daneben gab es noch zahlreiche Straßen-Namen, da jede noch so kurze Straße von dem einen Durchschnittspunkt mit einer anderen bis zum nächsten ihren eigenen Namen hatte. Diese alte Bezeichnung bestand bis zum Jahre 1869, in welchem man den langen Straßenzügen einen einzigen Namen gab und die Nummern nur in ihnen durchführte. Hierdurch verschwand eine große Anzahl alterthümlicher Straßenbenennungen, sowie die beträchtliche oft unbequeme Höhe der Hausnummern.

Quadratfuß große Grundstück gehörte in der letzten Hälfte des siebzehnten Jahrhunderts dem Bürgermeister Hennigius Veith; dann folgten nacheinander als Besitzer Johann von Scheven, Altermann Johann Friedrich Koch und Achtmann Nicolas Gottfried Sellmer.[1]) Aus dem Konkurs des letzteren erwarb im Jahre 1765 die Loge „Zur Eintracht" das Haus für 1800 Thaler. Der Logenmeister v. Charisien übernahm die Bürgschaft für die Zahlung unter Rückbürgschaft der ganzen Loge.

Man erwartete zur Gründung des Waisenhauses namhafte Summen aus Schweden zu erhalten, aber diese blieben aus. Auch die erhofften reichen Beiträge der Einwohnerschaft flossen nur sehr spärlich, da die Bürger zum Theil von Vorurtheilen gegen die Loge eingenommen waren. Diese sah sich daher außer Stande, den Fonds zur weiteren Einrichtung des Waisenhauses in absehbarer Zeit zusammenzubringen und beschloß in Folge dessen nothgedrungen, das ursprünglich zum Waisenhause bestimmte Gebäude zu einem Komödienhause umzubauen, damit sie durch die von demselben zu ziehenden Revenüen eine Grundlage zu ihrer ursprünglichen Absicht und zu dem auf der anderen Seite des Grundstücks, an der Mühlenstraße, anzulegenden Waisenhause erhalten könnte. Aber diese Hoffnung hat sich als gänzlich trügerisch erwiesen. Die Loge hat stets mit großen finanziellen Schwierigkeiten zu kämpfen gehabt und zur Schaffung des Waisenhauses ist es niemals gekommen.

Schon Ende Juni 1767 wandten sich die Freimaurer an den Magistrat mit der Bitte, das Haus von allen bürgerlichen Lasten gänzlich zu befreien; sie wurden aber abschlägig beschieden. Erwähnt werden ferner noch aus dem Jahre 1769 die Aufnahme von 1500 Thalern zum weiteren Ausbau des Hauses, aus den Jahren 1770—72 Lotterien zum Besten des Findelhauses

---

[1]) In dem Sellmer'schen Hause wurde Brauerei und Mälzerei betrieben. Das Haus enthielt 6 heizbare Stuben, 4 Kammern, 2 Küchen, viel Hof-, Stall- und Wagenraum, einen großen Holzkeller, einen gewölbten Keller und eine Ausfahrt nach der Mühlenstraße. Sellmer bemühte sich schon im Jahre 1764 das Haus loszuschlagen, konnte aber keinen Käufer finden.

Die Gründung des alten Schauspielhauses. 31

und aus dem Jahre 1781 der Antrag der Freimaurer an den Magistrat, eine Anleihe von 1000 Thalern aus den Mitteln der Klöster bewilligen zu wollen. Das letztere Ansuchen scheint ebenfalls abgelehnt zu sein.

In den achtziger Jahren des Jahrhunderts löste sich alsdann die Loge auf. Ihr Grundstück ging in den Besitz der Gläubiger über. Aus Gefälligkeit übernahm der Kaufmann Stegmann die Verwaltung des Komödienhauses und gab sich die redlichste Mühe, von der Miethe desselben die Lasten des Gebäudes abzutragen und die Zinsen der auf dem Hause haftenden Kapitalien zu bezahlen. Bei der Ungewißheit der wahren Eigenthümer des Hauses und den sehr geringen Einkünften ist es erklärlich, daß man auf Reparaturen und Instandhaltung des Komödienhauses nur sehr wenig verwenden konnte und wollte. Es wurde daher schon früh sehr baufällig und im Innern wie im Aeußeren außerordentlich vernachlässigt. Wiederholt wurden, wie wir später sehen werden, Untersuchungen des baulichen Zustandes obrigkeitlicherseits angeordnet und mehr als ein Mal war die Aufführung wegen der Gefahr für die Besucher in Frage gestellt.

Der Umbau des früher Sellmer'schen Hauses zu einem Komödienhause begann gegen Ende des Jahres 1765.[1]) Ein Mitglied der Loge, der Baumeister David Heinrich Westphal, der auch ein bedeutende Summe Geldes hierfür vorgeschossen hatte, leitete den Bau. Im Februar oder Anfang März 1766 wurde das Komödien- und Logenhaus bezogen und bald fanden hier Redouten und Darstellungen durch Schauspielertruppen statt. Als Leiter derselben war von der Loge der oben schon erwähnte Schauspieldirektor Leppert[2]) engagirt worden, welcher in den Jahren 1766 und 67 im Stralsunder Schauspielhause thätig war

[1]) Die Alterleute der Brauer- und Mülzer-Compagnie suchten den Bau zu hindern, da sie nach Vollendung desselben eine geringere Benutzung ihres Compagniehauses und somit einen beträchtlichen pekuniären Ausfall fürchteten. Aber ihre Bemühungen waren vergebliche, der Ausbau des Sellmer'schen Hauses wurde in kurzer Zeit vollendet.

[2]) Leppert nahm seinen dauernden Wohnsitz in Stralsund, kaufte sich dort ein Haus und erwarb das städtische Bürgerrecht.

Bevor wir auf die weitere Theater-Geschichte Stralsunds eingehen, wollen wir einen schnellen Blick in das alte Komödienhaus zu werfen suchen, soweit wir es nach mündlicher Ueberlieferung und den spärlichen schriftlichen Aufzeichnungen reconstruiren können. (Vergleiche den nebenstehenden Situations-Plan.) Das Theatergebäude an der Mönchstraße, gegenüber dem heutigen Hotel Brandenburg, war ein altes hohes Giebelhaus von 39 Fuß Breite und 121 Fuß Länge. Das heute mit dem Hause Mönchstraße Nr. 18 verbundene Haus Nr. 18 A. gehörte nicht zu dem Grundstück der Loge. Die nach der Mönchstraße gelegene Fassade des Komödienhauses ließ noch den mittelalterlichen Giebel erkennen, der ursprünglich in Ziegel-Rohbau hergestellt, in späterer Zeit aber mit Putz beworfen war. Durch die in der Mitte des Hauses liegende Hausthür mit gothischem Spitzbogen, zu deren Seite sich in flachbogiger Blendnische je ein Fenster befand, betrat man einen mäßig breiten, niedrigen Korridor, dessen ursprünglich aus Brettern, später aus Ziegelsteinen hergestellter Fußboden nicht viel über dem Niveau der Straße lag. An der linken Seite des Korridors befand sich das kleine Direktionszimmer und mit diesem verbunden die Kasse, auf der rechten das etwas geräumigere Erfrischungszimmer, welches während der Spielzeit an eine Konditorei vermiethet zu werden pflegte. Der Korridor mündete auf einen kleinen Vorplatz, von dem aus links an das Direktionszimmer angelehnt die hölzerne, steile und unbequeme Treppe in die oberen Stockwerke führte. Von dem Vorplatze, der von der hölzernen Einfriedigung des Parterres begrenzt war, führten im rechten Winkel umbiegend unmittelbar an den beiden Längsmauern des Hauses rechts und links dunkle schmale Korridore zu den Orchester-Logen, deren es auf jeder Seite zwei gab. Von den erwähnten langen Korridoren aus betrat man auch das Parterre.

Der Zuschauerraum war ein schmales, langes Rechteck. Die Längsseiten der drei[1]) Ränge oder Gallerien trafen mit der Querseite unter rechtem Winkel zusammen, so daß man von den in den Ecken liegenden Logen nur einen sehr beschränkten Blick

---

[1]) Möglicherweise ist der dritte Rang erst um das Jahr 1790 hinzugefügt worden.

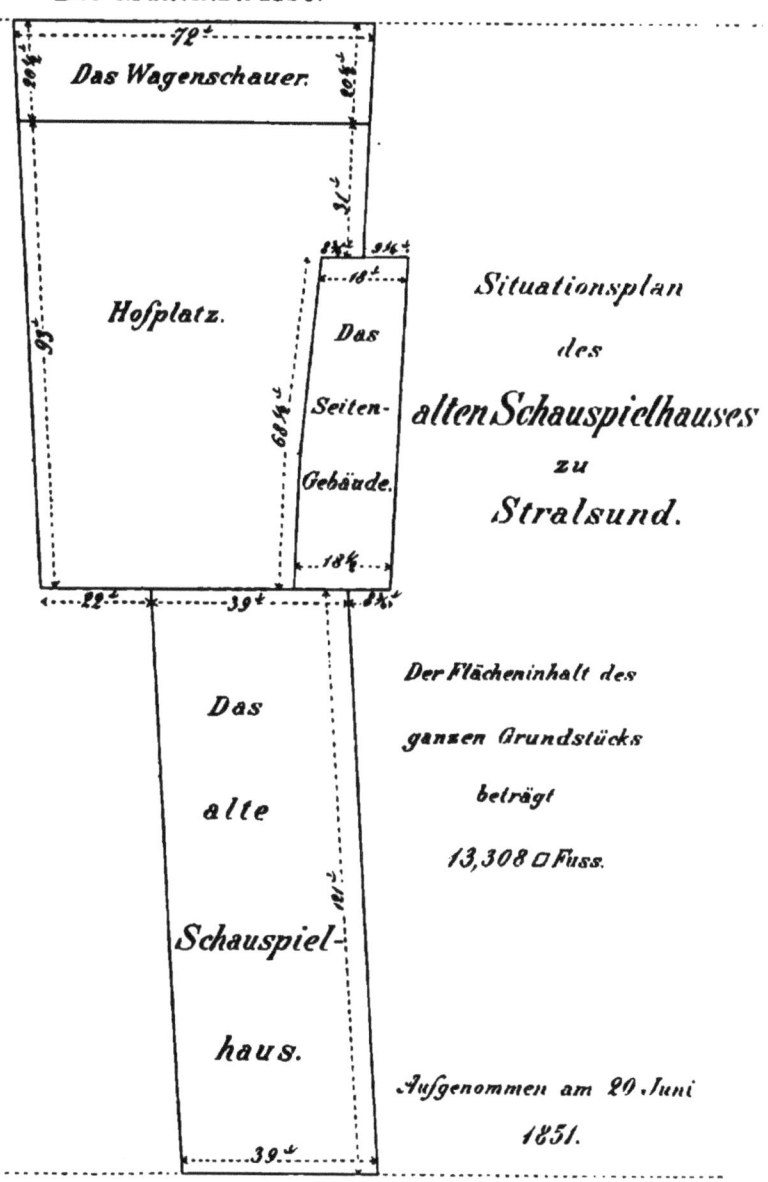

auf die Bühne hatte. Auch die Akustik war nur eine mäßige. Die einzelnen Logen waren durch senkrechte, bis oben durchgehende Querwände abgetheilt. Die große Mittelloge des ersten Ranges pflegte für die Mitglieder der Königlichen Regierung, sowie für distinguirte Fremde reservirt zu werden. Das Parterre bildete ein einziger großer Raum, ohne Abtheilungen durch Barrieren oder Gänge und ohne Preisunterschiede auf den einzelnen Plätzen. Die Bänke waren sehr primitiver Art, mit Holzsitzen und ohne Rücklehnen, so daß die Zuhörer oft mit den Knieen der hinter ihnen Sitzenden in unangenehme Berührung gekommen sind. Wahrscheinlich hat man die Bänke im Parterre nicht am Boden befestigt, sondern nur lose hineingestellt, um sie bei Maskenbällen und anderen größeren Festlichkeiten schnell und leicht entfernen zu können. Bei derartigen Veranstaltungen wurde der Fußboden des Parterres meist in die Höhe geschraubt und bildete dann zusammen mit der Bühne einen einzigen großen Saal.

Natürlich war das Theater nicht heizbar. Strenger Frost beeinflußte daher den Besuch der Vorstellungen nicht allein ungünstig, sondern es kam auch sogar vor, daß bei großer Kälte die schon angekündigte Aufführung ausfallen mußte. Aber auch bei minder ungünstiger Witterung hatten die Zuschauer sehr unter einem unangenehmen Zugwind zu leiden, der sie durch die mangelhaft schließenden Thüren und die unverklebten Fugen und Ritzen der Holzwände ungehindert traf, und mancher Kunstfreund konnte eine schwere, langdauernde Erkältung auf den Besuch des Theaters zurückführen. Dagegen hatte das Publikum im Sommer — eine beliebte Spielzeit war damals die Johannis-Messe — wegen mangelhafter Ventilation über lästige Hitze und drückende Schwüle zu klagen.

Die Nummerirung der Plätze fehlte durchweg im ganzen Hause. Wer sich daher bei stark besuchten Aufführungen einen guten Platz sichern wollte, mußte — da die Aufführungen zumeist um 5 oder 5½ Uhr, bisweilen bereits um 4 Uhr begannen — das Theater schon in früher Nachmittagsstunde aufsuchen oder mußte einen Dienstboten zum Belegen eines Platzes vorausschicken. Eine in Bürgerkreisen weit verbreitete Sitte war es u. a. auch, von Hause Vesperbrod und Obst mit in den Zuschauerraum zu bringen und dort während der Aufführung zu verzehren. Die Frauen erschienen auch wohl mit Strickstrumpf und sonstiger Handarbeit. Begünstigt wurde diese schlechte Gewohnheit durch die mehr als dürftige **Beleuchtung** vermittelst qualmender Thranlampen und übelriechender Talglichter, welche obendrein noch so unpraktisch angebracht waren, daß sie ihr fettiges Naß auf die Kleider der Besucher entsenden und ihnen so einen empfindlichen Schaden zufügen konnten. Bei besonders festlicher Gelegenheit gestattete man sich auch wohl den Luxus von Wachskerzen. Das für gewöhnlich herrschende Halbdunkel ließ das ohnehin schon schmutzige und unwirthliche Haus noch unfreundlicher und häßlicher erscheinen, als es war. Dabei war es recht feuersgefährlich und leerte sich in Folge der schmalen Gänge, der steilen Treppen und des einzigen Ausganges[1]) außerordentlich langsam. Es verging bei vollbesetztem Hause oft eine halbe Stunde nach beendeter Aufführung, bis der letzte Besucher den Fuß auf die Straße setzte. Glücklicherweise hat niemals eine Feuersbrunst das von anderen Gebäuden eng umschlossene Komödienhaus heimgesucht; sie hätte ein namenloses Elend anrichten können.

Als einer der wenigen Vorzüge dieses Theaters war anzusehen, daß es, Dank den vielen Stehplätzen, eine beträchtliche Anzahl Personen faßte. Es sollen 700 bis 750 Zuschauer Platz gehabt haben. Die Bühne konnte dem engen Hause entsprechend nur schmal sein; dafür hatte sie aber eine angemessene Tiefe.

An dem hinteren Giebel des Hauses verbreiterte sich das Grundstück, und zwar sprang es nach Norden um etwa 9, nach Süden um 22 Fuß vor, um dann nach der Mühlenstraße keilförmig auszulaufen. An diesen hintern Giebel lehnte sich — vom Zuschauer aus gesehen an der rechten Seite — ein 18 Fuß breites, 69 Fuß langes, schuppenartiges Gebäude an, welches die Garderoben-Zimmer der Schauspieler, sowie die Räume zur Aufbewahrung von Geräthschaften enthielt. Von der Bühne stieg man auf einer schmalen Holztreppe

---

[1]) Ein zweiter **Ausgang** wurde erst im Jahre 1810 angelegt.

in den Anbau hinab. Der nach der Mühlenstraße zu gelegene Theil desselben pflegte an Arbeiter-Familien vermiethet zu werden.

Von den beiden Gebäuden einerseits und den Nachbargrundstücken andererseits begrenzt, dehnte sich ein etwa 5700 Quadratfuß großer Hof aus, von dem eine kleine Pforte in das unter der Bühne gelegene Souterrain führte. Ein geräumiger Wagenschauer schloß das Grundstück nach der Mühlenstraße ab.

In diesem soeben kurz geschilderten Komödienhause hat das Stralsunder Publikum zum ersten Male die Meister-Werke deutscher und ausländischer Klassiker gesehen, sowie viele — zum Theil noch heute beliebte — Opern der meisten bedeutenden Komponisten der letzten Hälfte des achtzehnten und des ersten Drittels des neunzehnten Jahrhunderts kennen und schätzen gelernt. Es werden daher im Folgenden auch die Erstaufführungen der klassischen Schöpfungen, sowie der literarhistorisch-bemerkbaren Werke besonders hervorgehoben werden. Vorausschicken möchte ich hier schon, daß die Direktoren der in Stralsund spielenden Wandertruppen es sich zumeist haben eifrig angelegen sein lassen, das Publikum mit den neuesten Bühnenwerken der Oper sowohl wie des Schauspiels bald nach deren Erscheinen bekannt zu machen.

Für das große Publikum wurde das Komödienhaus zum ersten Male am 3. Oktober 1766 geöffnet, an welchem Tage der erste Maskenball [1]) stattfand. „Nächstkommenden Freytag — so lautete die

---

[1]) Bei dem ersten Maskenballe glaubte Leppert dem Publikum folgende öffentliche Instruktion ertheilen zu müssen:

Weil mir die Einrichtung der Masqueraden oder Redouten von vielen Königlichen Höfen bekannt ist, so wie auch die Pariser Redouten, so nehme mir die Freiheit, es denenjenigen anzuzeigen, die es nicht wissen. Damit nun keine Masque disjonstiret oder beleidiget werde, so ist Erstlich nothwendig, daß die Masquen mit saubern Schuhen und reinlichen Handschuhen versehen sind. Zweytens, wenn ein Cavalier eine Dame zum Tanzen aufführet, beide die Masquen vor dem Gesicht haben, sonst kan ihnen der Tanz versagt werden; überdem kan keine Masque vor der andern einen Vorzug practendiren: denn wer seine Entrée bezahlt, und eine Masque vor dem Gesichte hat, will nothwendig unerkannt seyn. Drittens, wenn einige Lust bekommen, auffer den Menuets Englische, Polnische, oder andere Tänze zu tanzen, muß vorher

Maskenbälle im alten Schauspielhause. 37

Anzeige — als den 3ten Oktober, soll im Comödien-Hause in der Mönchenstrasse Masquerade-Ball gehalten werden. Der Anfang ist um 9 Uhr Abends. Die Billeter zur Entrée können des Morgens von 8 bis 12 Uhr in selbigem Hause abgeholet werden, und kostet jedes Billet 16 ßl." Zwei Wochen darauf folgte der zweite Maskenball „für die Adelichen und die hiesige Garnison". Dann begannen die Vorstellungen des Herrn Leppert, mit denen wiederum zahlreiche Redouten[1]) abwechselten. Das Eintrittsgeld für die letzteren

ein Signal mit den Pauken gegeben werden, damit nicht weiter zur Menuet aufgezogen wird. Viertens, geht niemand auf den Tanzsaal, der nicht sein Seiten- oder andere Gewehre vorher abgelegt; diejenigen, so nicht maskirt sind, finden genugsame Plätze in den Logen. Fünftens, kan auf dem Tanzsaal kein Toback geraucht werden. Sechstens, werden alle Masquen gehorsamst von mir gebeten, Ihre Bedienten, welche etwa Pelze, Maentel, oder Rockelors haben, nicht auf den Tanzsaal zu nehmen, sondern denselben andere Stellen zum Zusehen anzuweisen.

[1]) Ein Maskenball im alten Stralsunder Komödienhause — allerdings erst aus den achtziger Jahren des Jahrhunderts — wird folgendermaßen geschildert: Das in die Höhe geschrobene Parterre bildete mit der Bühne vereinigt einen trefflichen Tanzplatz, auf dem man nur hübsche, sinnvolle Charaktermasken, aber keine Dominos oder gar unmaskirte Besucher erblickte. Der Eingang zum Tanzsaal führte durch die Flügelthüren der Frontlogen des ersten Ranges, von dem man auf breiter teppichbelegter Treppe hinabstieg. Das Orchester befand sich hinter der Szene; an der Stelle der Theater-Kasse (also links vom Straßen-Eingang) stand das Büffet; das Garderoben-Zimmer im Anbau beherbergte die Restauration und in und neben dem Erfrischungs-Zimmer (also rechts vom Straßen-Eingang) herrschte ein so lebhaftes Gedränge wie bei den besuchtesten Vorstellungen. Denn dort befand sich die, ausschließlich bei Maskeraden, zur Beförderung des allgemeinen Vergnügens, öffentlich geduldete Pharobank, wodurch den Armen der Stadt eine sehr ansehnliche Revenue zugewandt wurde. Die Bankiers, bekannte Männer von Rang und Ansehen, saßen unmaskirt vor einem grünen Tische, auf dem eine Masse von Goldstücken aufgeschüttet lag. Vier Polizei-Agenten in feierlichem Amts-Ornat, standen theils vor, theils in dem Zimmer postirt, in dem nur eine Menge von Spielern, auch zahlreiche Damen — jedoch nur maskirt — sich den Launen des abwechselnden Glückes unerkannt überließen.

Nach der Ermordung König Gustav III. auf einem Maskenball wurden im ganzen schwedischen Reiche alle Redouten verboten. Die nach Veränderung der Landeshoheit in Stralsund veranstalteten Maskenbälle haben niemals rechten Schwung gehabt und geriethen endlich ganz ins Stocken..

war etwas abgeändert worden, indem man für den Besuch des Tanzsaales 16 fl., für die Logen 8 fl. und für die Gallerie 4 fl. forderte. Mit dem Schluß des Jahres 1767 fand auch die Thätigkeit Lepperts in Stralsund ein Ende.¹)

An seine Stelle trat im Frühling 1768 der Direktor Gilly mit seiner aus 25 Personen bestehenden Gesellschaft der deutschen Opera comique. Sein Orchester setzte sich aus 19 Musikern zusammen. Er eröffnete die Spielzeit am Montag, den 11. April, mit der zweiaktigen Operette „Matz und Anne" von Ast, Musik von Laube. Dieses Stück ist also das erste der im alten Stralsunder Schauspielhause aufgeführten, das wir dem Namen nach kennen. Bei einer später dargestellten Operette „Der Kapellmeister" von denselben Verfassern wird bemerkt, daß ein großer Theil der Dekorationen von dem Stralsunder Maler Peters angefertigt worden sei. Als ein besonderer Vorzug der Bühnen-Ausstattung wird ferner hervorgehoben, daß sich während des einen Aktes ein Klavier auf der Bühne befunden hat. Die Preise waren in jener Zeit folgende: man zahlte in der Loge 12 Gr., im Parterre 8 Gr. und auf der Gallerie 4 Gr. Ein Dauerbillet kostete in der Loge 8, im Parterre 6 Rthlr. Bei besonderer Gelegenheit wurden die Preise erhöht. Das Textbuch wurde für 4 fl. verkauft. Für gewöhnlich fanden nur 2 Mal in der Woche Aufführungen statt. Die Gilly'sche Truppe, welche bis Mitte Juli in Stralsund spielte, kultivirte hauptsächlich Operetten, von denen man heute keine einzige, nicht einmal dem Namen nach kennt. Schauspiele kamen garnicht, Lustspiele nur sehr sporadisch zur Darstellung. Dafür machten sich aber Pantomimen und Ballets außerordentlich breit. Man konnte sich kaum einen Theater-Abend ohne diese denken.

---

¹) Anfang des Jahres 1770 löste Leppert seine Gesellschaft zu Straßburg auf und ging für seine Person nach Polen. Als es ihm zu Ostern einfiel, sie wiederherzustellen und damit in Frankfurt zu spielen, traf er bereits den Schauspieldirektor Ilgener daselbst vor. Er hielt es für das Rathsamste, mit ihm gemeine Sache zu machen, und die Leppert-Ilgener'sche Gesellschaft ging von Frankfurt nach Straßburg. Aber hier entzweiten sich beide Prinzipale und trennten sich wieder. Ilgener spielte zu Kolmar und Freiburg. 1777 führte ihn auch sein Weg nach Stralsund. Leppert blieb in Straßburg, verlor aber seine besten Leute.

Im Sommer 1768 hielt sich Direktor Anton Berger[1] „mit seinen Intermezzen" kurze Zeit in Stralsund auf.

Am 9. Januar 1769 eröffnete eine aus 14 Personen bestehende Gesellschaft Deutscher und Italienischer Operisten von Neuem die Bühne mit einer „der lächerlichsten, comischen Operetten": „Die drey Buckligen". Die Truppe, welche im Dezember des vorangegangenen Jahres täglich Concerte im Saale des Weinhändlers Bromberg gegeben hatte, bot noch drei weitere größere Novitäten, die Operetten „Der Liebhaber von allen Frauenzimmern", „Die Pupille" und „Der Philosoph im Felde" und außerdem eine Anzahl Pantomimen, welche der Balletmeister Vincenso Nicolosi einstudirte und leitete. Bei einer der beliebtesten der damaligen Ballets, dem „Grabmal der Arlequin", findet man die Bemerkung: „Man wünscht den Geschmack sowohl als die Neugierde des Parterre zu befriedigen." Schon am 31. Januar fanden die Aufführungen dieser Gesellschaft ein Ende.

Doch bereits zwei Monate später langte ein neuer Bühnen-Leiter an, der Theater-Direktor Johann Christian Wäser aus Hamburg mit seiner Gesellschaft deutscher Schauspieler. Wäser, geboren 1734 zu Dresden, war im Jahre 1757 von Königstein, aus dem Hause seines Vaters, der einen Dienst bei dem Dresdener Zeughause bekleidete, zu einer gewissen Frau Hochbruckuerin gegangen, welche mit Kindern umherzog und Pantomimen aufführte 1763 begab er sich mit Demoiselle Schmidtschneider, seiner späteren Frau,

---

[1] Berger, im Oesterreichischen geboren, ging von der Prager Universität zur Bühne über. Er war ein guter, possenhafter Akteur. Ein zeitgenössisches Urtheil (1782) sagte über ihn: „Er ist sehr reichhaltig an Gebärden- und Theaterspiel und besitzt eine große Geschicklichkeit, sich mit unglaublicher Geschwindigkeit in einem und demselben Stück aus einem Charakter in den anderen zu versetzen. Alles ist Leben an ihm, und wenige werden es ihm im Ausdruck des komischen Gesanges gleich thun. Seit einiger Zeit aber hat er angefangen, seine Hannswurstiaden verfeiern zu wollen und ist dadurch ein unseliges Mittelding geworden, worüber man weder lachen noch weinen kann." — Berger gründete 1766 in Sachsen seine erste Gesellschaft die aber schon 1768 zu Leipzig, wo sie vor dem Petersthore spielte, auseinanderging. Er starb 1785 zu Altona im Lazareth.

nach Petersburg, wo eine deutsche Truppe unter Neuhoffs Direktion spielte. Schon das Jahr darauf ging er mit acht Personen nach Reval und errichtete eine eigene Truppe, mit welcher er mehrere Jahre sowohl daselbst, als zu Riga, Mitau, Terbach und sogar einmal in Petersburg spielte. Da aber dieses Häuflein nicht hinreichte, regelmäßige Stücke aufzuführen, auch der dortige Geschmack noch nicht recht gebildet war, so wurden zumeist Burlesken und nur bei außerordentlichen Gelegenheiten bessere Stücke dargestellt. Im September 1768 kam Wäser mit seinen Leuten nach Lübeck und ließ sich zuerst hier, dann zu Hamburg und Stralsund sehen. In der letztgenannten Stadt eröffnete er die Bühne am 29. März 1769. Seine Schauspieler waren Engelmayer und Frau, er nur mittelmäßig, sie völlig unbrauchbar, eine gewisse Madame Eulenberg, die noch die beste gewesen sein soll und sich besonders als Minna, Marwood, Chlorinde u. s. w. auszeichnete, Wollandt, Lindner, Arnold und Ettinger, alles obskure Namen. Auch Wäser selbst war kein hervorragender Schauspieler. Zwar besaß er eine stattliche Figur, aber es fehlte ihm eine reine Stimme und eine hinlängliche Kenntniß seiner Rollen. Er spielte im Nothfalle Alles, am liebsten aber die Chevaliers, und eins wie das andere höchst mittelmäßig.[1]) Die Wäserin[2]) besaß weit mehr Talent zum Theater als ihr Gatte.

Wäser setzte folgende, während der nächsten Jahrzehnte zumeist beibehaltene Eintrittspreise fest: für die Loge 24 ßl., für das Parterre 16 ßl., für die Gallerie 8 ßl. Trotz seines dürftigen Personals machte er den Versuch, ein klassisches Repertoire in Stralsund einzubürgern, indem er gab am

---

[1]) Später scheint Wäser Fortschritte gemacht zu haben, denn im neunten Stück des Theater-Journals (1779) schreibt ein Einsender aus Magdeburg: „Als Schauspieler hat Herr Wäser sich seit drei Jahren sehr gebessert. Seine Rollen studiert er mit Geschmack, den er nicht sowohl durch eigenes Studium der Kunst, als vielmehr durch eine lange Reihe von Jahren und sorgfältige Beobachtungen berichtiget zu haben scheint."

[2]) Maria Wäser, geb. Schmidtschneider, wurde am 27. Dezember 1749 zu Nürnberg geboren. Nach dem Tode ihres Mannes führte sie dessen erste Gesellschaft fort. Sie starb am 15. Novbr. 1797 in Breslau.

1769. 29. März. „Cobrus". Trauerspiel von Cronegk.
3. April. „Miß Sara Sampson". Trauerspiel von Lessing.
Die Anzeige lautete: „Künftigen Montag, den 3ten April, wird die hier anwesende Wäsersche Schauspieler-Gesellschaft aufführen das von dem berühmten Herrn Leßing nach dem Englischen Geschmack verfertigte Original-Trauerspiel, betitelt: „Miß Sara Sampson".
20. April. „Kanut". Trauerspiel von Johann Elias Schlegel.
29. Juni. „Romeo u. Julia". Trauerspiel v. Christian Felix Weiße.[1])

Im Sommer 1769 gab Wäser seine Gesellschaft auf und ging mit seiner Frau in seine Vaterstadt Dresden. Da aber die Gesellschaft doch beisammen bleiben wollte, reiste sie unter Engelmeyers Anführung nach Stralsund. Sie konnte aber nicht bestehen und Engelmeyer selbst begab sich zu Döbbelin. Doch schon im Oktober desselben Jahres bildete Wäser eine neue Truppe, mit der er zunächst in Leipzig spielte.[2])

Im Jahre 1770 traf die berühmte Gesellschaft Carl Theophilus Döbbelins[3]) aus Berlin in Stralsund ein und gab am
1770. 5. Oktober. „Richard III." Trauerspiel von Christian Felix Weiße.
8. Oktober. „Eugenie". Drama von Beaumarchais.
10. Oktober. „Der Lügner". Lustspiel von Goldoni.

Im Jahre 1771 trat wegen des Heimganges des Königs Adolf Friedrich von Schweden Landestrauer ein und es konnten daher keine

---

[1]) Diese und die in der Folge angegebenen Daten bezeichnen durchgängig den Tag der ersten Aufführung des betreffenden Stückes in Stralsund.

[2]) In Leipzig erregte der Streit Wäsers mit der Koch'schen Truppe einiges Aufsehen. Wäser rühmte sich, daß seine Gesellschaft der seines Konkurrenten vorgezogen worden sei. Später spielte er noch in Dresden und Breslau; doch blieb Leipzig sein Hauptstützpunkt. Im Sommer 1773 kehrte er noch ein Mal nach Stralsund zurück. Wäser starb als Direktor zweier Schauspielertruppen am 16. Mai 1781 zu Breslau. Seine erste Gesellschaft — die zweite ist im Jahre 1778 gegründet worden — beging am 20. Mai auf der Bühne eine Gedächtnißfeier für ihn.

[3]) Döbbelin, geboren am 27. April 1727 zu Königsberg i. Pr. ging, nachdem er in Halle und Leipzig Jura studirt hatte, vorher auch einige Zeit Soldat gewesen war, zur Gesellschaft der Neuberin, nahm 1752 ein Engagement bei der Schuch'schen, 1754 bei der Ackermannschen Gesellschaft an und gründete 1756 in Erfurt eine eigene Gesellschaft, deren Vorstellungen

Vorstellungen stattfinden. Die im Jahre 1772 eintreffende **Paul Barzanti**'sche[1]) Gesellschaft gab am

1772. 3. August. „Der Deserteur". Drama aus dem Franz. des Mercier.
     5. August. „Der Schatz". Lustspiel von Gotthold Ephraim Lessing.
     6. August. „Der Lotteriespieler" oder „Die fünf glücklichen Nummern". Lustspiel von Karl Gotthelf Lessing.

Barzanti wurde die Auszeichnung zu Theil, daß die **Königin-Wittwe von Schweden**, Louise Ulrike, die Schwester Friedrich des Großen, und ihre Tochter bei ihrer Durchreise durch Stralsund am 10. August auch dem Theater einen Besuch abstatteten. Zu Ehren der hohen Gäste war ein eigener Prolog „Apollo unter den Hirten" gedichtet worden, den der Kapellmeister Escherich in Musik gesetzt hatte.

Im Sommer 1773 kehrte die Wäser'sche Schauspieler-Gesellschaft noch einmal auf vier Wochen nach Stralsund zurück und gab am

---

im April ihren Anfang nahmen. Döbbelin hatte ein Kapital von sechstausend Thalern durch einen Glückscoup zusammengebracht, und darauf einen Plan zu einer großen Reise durch Deutschland, Frankreich, Italien und England gemacht, um alle großen Schauspieler dieser Länder kennen zu lernen. Er war mit dieser Idee nach Leipzig gekommen, als ihn Gottscheb ermunterte, Prinzipal zu werden. Auf dieses Zureden errichtete Döbbelin eine Truppe und wählte vor der Hand Erfurt zu seinem Schauplatze. Die erste Vorstellung war der „Ödip" des Voltaire. Es kann ihm der Ruhm nicht streitig gemacht werden, daß er, vom ersten Anfange seiner Prinzipalschaft an, zumeist gesittete und ausgearbeitete Stücke, besonders deutsche Originale, gespielt hat. Man machte bereits in Erfurt allerlei Pläne, ihn auf immer baselbst festzuhalten. Allein der Krieg brach aus, und er wandte sich mit seiner Truppe nach Weimar. Schon in der dritten Stadt seiner direktorialen Wirksamkeit, in Wien, mußte er seine Gesellschaft aufgeben; auch eine neue, die er 1757 begründete und mit welcher er in Köln und Düsseldorf spielte, löste sich 1758 wieder auf. Bis 1766 war Döbbelin abermals Mitglied der Ackermannschen, dann der Schuchschen Gesellschaft, und gründete 1767 die dritte Gesellschaft, die er bis 1789 leitete und mit der er auch nach Stralsund kam. Diese Truppe, welche er an den Hof in Berlin abtrat, wurde die Grundlage des Berliner Hoftheaters. Döbbelin starb am 10. Dezember 1793 zu Berlin.

[1]) Die Barzanti'sche Gesellschaft, deren Direktor Mitglied des Schuch'schen Theaters gewesen ist, spielte 1772—74 auch in Güstrow, Rostock und Schwerin. Barzanti starb im Jahre 1779 zu Reval mit dem Ruhm eines guten Schauspielers im komischen Fache und eines rechtschaffenen Mannes.

23. Juli „Emilia Galotti", Trauerspiel von Lessing. — Im Jahre 1774 fanden keine Aufführungen statt.

Aus der Zeit der Johann Jakob Amberg'schen[1]) Direktionsführung (April bis Juni 1775; 24. Januar bis Anfang März 1776) ist nur die Feier für den nach längerer Abwesenheit zurückkehrenden General-Gouverneur Grafen Sinclaire[2]) am 6. Juni bemerkenswerth, bei welcher Fräulein Amberg folgenden Prolog sprach:

Empfang ihn itzt, im feierlichen Kleide
Thalia! — rühre den durch Spiel und Saitenklang,
Bei dessen Gruß ein Strom der Freude
Vom Busen schnell hinauf in jedes Antlitz drang.
Schon da, als unser Ohr der Stücke Donner hörte,
O, wüßtest Du es, Herr! wie da das Herz uns schlug,
Welch Leben mit Dir wiederkehrte
Als Dich die Welle sanft zu dem Gestade trug. —
Wie GUSTAF Deinen Glanz mit neuer Würde schmückte,
Dis zu besingen, wagt die blöde Muse nicht.
Nur wie Dein Anblick unsre Stadt entzückte,
Dis zu bekennen, heischt die Pflicht.
Was unter Sterblichen noch kein Gesetz erzwungen,
Was nie durch finstern Ernst der strengsten Macht gelungen,
Das Glück vom Volk geliebt zu seyn;
Dis, Herr, ist der Tribut, den Dir die Herzen weihn.
Dich, dessen Huld schon manchen Tag zum Feste
Für Stralsunds frohe Bürger schuf,
Verehrt noch spät der zungenvolle Ruf. —
Gönn' uns, bis bitten wir, der edlen Stunden Reste,
Den Zwischenraum der Zeit, die Du dem Staate schenkst.
Dis sey der reichste Lohn, der Schmuck, der Stolz der Bühne,
Wenn Du den Kennerblick, wenn Du die holde Miene
Mit Beyfall auch zu uns, bey unsern Spielen lenkst.

Aus Parterr.
Euch, Patrioten, ruf ich hier zu Zeugen,
Ob Ihr durch meinen Mund dis Opfer ihm gebracht?

---

[1]) Johann Heinrich Jacob Amberg, geboren 1756 zu Lübeck, von Jugend auf beim Theater Komiker, Direktor einer Truppe in Pommern, Stralsund 1775/76, Berlin 1787—92, Frankfurt a. Main 1792. (Vergl. Flügge, Bühnen-Lexikon.)

[2]) Friedrich Carl Graf Sinclaire, General-Gouverneur von 1772 bis 1776, wird als Kenner und Beschützer der Künste gerühmt.

Ich kenne Euch — und durft ich's dann verschweigen,
Was seine Gegenwart in Euch für Regung macht?
Ließ Rom, das Muster für die Bühnen,
Der Macht der Regung nicht den Lauf?
Kaum war ein Liebling, kaum ein Held erschienen,
So jauchzte alles Volk, von Freude trunken auf.
Ich seh's — schon wallt der Trieb, den ich in Euch erhebe —
Ich rufe dann für Euch — Ich rufe dann:
Er lebe!

Anfang des Jahres 1776 konnte sich die aus 5 Damen und 11 Herren bestehende Amberg'sche Gesellschaft nicht mehr halten und wurde in Stralsund von einer Entreprise übernommen. Aber auch diese ging in Folge von Unglücksfällen und Intriguen zu Grunde und schon in der Fastenzeit 1776 löste sich die Amberg'sche Gesellschaft in Stralsund auf. Als letzte Vorstellung gab man „Olivia", Trauerspiel von Brandes. Amberg selbst ging mit seiner ältesten Tochter nach Altona; ein Theil der Schauspieler wandte sich zum Mecklenburg-Strelitzschen Hoftheater; der Rest der Mitglieder schleppte sich unter Führung des Balletmeisters Reymann, Ambergs Schwiegersohn, nach Greifswald, wo man vier Wochen spielte und dann nach Rostock ging. Dort vereinigte er sich aber nach 14tägigem verunglückten Versuche eigener Vorstellungen mit der Ilgener'schen Gesellschaft, welche sodann Lübeck, Stralsund, Rostock und Güstrow besuchte. Um seine Gesellschaft bekümmerte sich Reymann nicht weiter; er zog ihr über die Hälfte ihrer bei ihm stehenden Gage ab und ließ sie dann laufen. Zu bedauern waren bei diesem hartherzigen Vorgehen besonders der Schauspieler Schmidt und Frau, die Tüchtiges leisteten und ein solches widriges Schicksal nicht verdient hatten. Nach Stralsund kehrte Schmidt drei Jahre später als Mitdirektor der Stöffler'schen Gesellschaft zurück.

In Stralsund spielte die „Churcöllnisch, Markgräflich bayreuthisch, Herzogl. Sachsshildburghausisch, Hochfürstlich würzburgisch, privilegirte Gesellschaft deutscher Schauspieler" unter Leitung Peter Florenz Ilgeners[1]) vom 3. November 1777 ab und gab von

---

[1]) Ilgener, um das Jahr 1730 in Kursachsen geboren, ging im Alter von 20 Jahren zum Theater und begründete um 1755 eine Schauspielergesellschaft, mit der er viele Jahre am Rhein, in Franken, Württemberg

Novitäten u. A. „Marianne", Trauerspiel von Gotter, „Julius von Tarent" von Leisewitz und „Tancred" von Voltaire. Aber es fehlte Ilgener zu sehr an Kenntnissen, als daß unter seiner Direktion eine Gesellschaft etwas einigermaßen Gutes hätte leisten können. Außerdem erwarb er sich durch sein unhöfliches Betragen außerhalb des Theaters zu seinem größten Nachtheil überall zahlreiche Feinde.

Zu den Merkwürdigkeiten des Ilgener'schen Theaters gehört eine zu Stralsund gegebene, von Thomas[1]) gedichtete, vom Musikdirektor Escherich komponirte einaktige komische Oper „Der Kobold", die vielen Beifall fand, weil sie durchweg, sogar der Stoff, Landesprodukt[2]) war. Ueber den Inhalt dieses Werkes ist jedoch

und den kleineren Fürstenthümern Mitteldeutschlands umherzog. 1773 spielte er zu Bayreuth und Stuttgart, 1775 kam er nach Rostock und Schwerin und führte dort die Direktion bis 1779, wo er fallirte. Später gründete er eine neue Gesellschaft, fand aber fast nur in kleineren Städten Aufnahme. Er starb 1788 in Gautzsch bei Leipzig. Verfasser mehrerer Bühnenwerke. (Vergl. Brümmer, Dichter-Lexikon.) Als Schauspieler war Ilgener in einigen komischen Rollen erträglich, aber im Ganzen höchst pedantisch und geschmacklos. In seiner Mecklenburger Theatergeschichte erzählt Bärensprung folgende, Ilgeners Ruf als Schauspieldirektor charakterisirende Anekdote: Als Lessing sich im Winter 1774/75 einige Tage in Leipzig aufhielt, gab Ilgener ihm zu Ehren „Miß Sara Sampson". Lessing lehnte es ab, der Vorstellung beizuwohnen und erwiderte einem Leipziger Gelehrten, der ihm bemerklich machte, daß man sein Kind, wenn auch etwas zerlumpt, doch immer gern sähe — „das wohl; aber wenn ich's nun am Galgen finde?!"

[1]) Daniel Heinrich Thomas, Gouvernements-Sekretair 1793, Verfasser einer Chronographie des schwedischen Nationaltheaters, verschiedener komischer Opern, Vorspiele und Prologe.

[2]) Ueber einheimische Dichter berichtet das neunte Stück des „Theater-Journals für Deutschland" (1779) Folgendes: An Theaterdichtern besitzt Stralsund den Sekretair Buschmann, Urheber des Grafen von der Weide und der komischen Oper die Schleichhändler; Herrn Thomas, Verfasser der von Frischmuth in Musik gesetzten kranken Frau, des Kobolds, einiger Prologen und verschiedener Theaterreden. Herr Fischer, Akteur bey Amberg und Ilgenern, verfertigte ebendaselbst den Derwisch, eine Operette, das neue Coffeehaus, ein Lustspiel, und andere ungedruckte Stücke. Auch hat die mit Leßings Vorrede ehedem herausgekommene Uebersetzung der Thom-

nichts mehr bekannt. Ilgener richtete zuerst **Abonnements** ein, und zwar betrug dasselbe für 12 Vorstellungen einen halben Louis d'Or für die Loge und 2 Reichsthaler fürs Parterre. Die Ilgener'sche Truppe spielte bis zum Schluß des Jahres 1777 in Stralsund, verschlechterte sich aber durch den Abgang ihrer besten Mitglieder: Göbels und seiner Frau, des älteren **Brenners**, **Klotschens** und der **Gleichnerin**, die der Eigendünkel des Prinzipals verdrängte, dergestalt, daß man sie zuletzt nur der Ballets wegen besuchte, die von dem aus Wien und Hamburg her bekannten geschickten Balletmeister **Johann Tilly** dirigirt wurden. Außer den Genannten, dem Ehepaar Reymann und der Frau und zwei Töchtern des Direktors gehörten zu den darstellenden Mitgliedern der Ilgener'schen Gesellschaft noch Madame **Cynas**, Madame **Wagner**, Madame **Ruschwey**, Mademoiselle **Schüßlern** und die Herren **Kramp**, **Erdmann**, **Schulz**, **Cynas**, **Ruschwey**, **Arnold**, **Huber**, **Hagendorf**, **Amberg** und **Looff**.[1]

Nach Beendigung der Aufführungen in Stralsund ging Ilgener nach Greifswald und dann nach kleineren Städten Mecklenburgs.

Es spielten während der nächsten Jahre alsdann in Stralsund die Direktoren **Anton Berger**[2] (April bis August 1778), **Joseph Preinfall**[3] (Dezember 1778 bis Febr. 1779) und **Johann**

---

sonschen Trauerspiele einer dortigen gelehrten Gesellschaft, die unter dem Namen der Englischen noch existirt, ihr Daseyn zu danken. In Greifswalde hat Herr Assessor Rehfeld das heroische Drama Selim, oder der erfüllte Götterausspruch, geschrieben.

[1] Eine eingehende Kritik dieser Künstler enthält das 11. Stück des Theater-Journals vom Jahre 1779.

[2] Berger spielte bereits im Jahre 1768 in Stralsund. Im Jahre 1778 werden von seinen Mitgliedern nur Madame Vind und Herr Sartory namhaft gemacht.

[3] Preinfall, geb. 1738 zu Stein in Unterösterreich, ist längere Zeit Schauspieler beim Kaiserl. Königl. Hoftheater in Wien gewesen. Dort waren am Anfang der siebziger Jahre zweite und dritte Alte und Bediente seine Rollen.

Direktor Stöffler.

Friedrich Stöffler¹) aus Lübeck (Oktober 1779²); Januar bis April 1780; September 1780 bis Februar 1781), ohne daß in ihrer Direktionszeit irgend etwas Bemerkenswerthes vorgefallen wäre.

Nach dem Fasten 1780 wurde die Stöffler'sche Bühne mit folgendem von Thomas verfaßten Prologe eröffnet:

> Da wären wir wieder ohn' allen Spott:
> Ihr Herrn und Damen, grüß Euch Gott!
> Haben halt einmal genug gefastet,
> Und Ihr mit einander habt weiblich g'rastet.
> Gehn allerseits wir denn wacker b'ran.
> Und greifen 's Werk von frischen an!

---

¹) Stöffler, geb. 1743 zu Dresden, debutirte 1773; Stöffler's Mitdirektor in Stralsund war Gottfried Heinrich Schmidt, der später als „Direkteur der lübschen Gesellschaft deutscher Schauspieler" in Rostock und Wismar Vorstellungen gab. Ueber die Schmidtsche Gesellschaft enthält das achtzehnte Stück des Theater-Journals eingehende Besprechungen.

²) In den ersten Wochen des Jahres 1779 muß es im Stralsunder Komödienhause mehrfach zu stürmischen Auftritten gekommen sein, denn Militair- und Civil-Behörden sahen sich veranlaßt, einzuschreiten. Der Kommandant gab folgenden Befehl aus:

Der Herr Capitaine von der Hauptwache soll an allen Comoedien Tagen selbst in der Comoedie seyn um alle Unordnungen, Streitigkeiten, Unfug, Einbrüche und Uebersteigungen in die Logen zu verhüten; seine Schildwachen zur fleißigen Aufsicht anzuhalten und die Persohnen, welche Unordnungen verursachen arretiren, auf die Hauptwache schicken und ferner gehörigen Orts Raport abstatten zu laßen.

Der Herr Capitaine wird im wiedrigen Fall selbst zur Verantwortung gestellet werden.

Die Herren Officiers von der Garnison so wenig als sonst Jemand von der Stadt und von Fremdden, dürffen nicht auf das Theater und in das dahinten Befindliche Zimmer eingelaßen werden; nur allein der oberste Befehlshaber, die Commandantschaft und der Herr Capitaine von der Wache.

Der Rath erließ folgende Bekanntmachung:

Als man mißfällig bemerken müssen, daß seit einiger Zeit in dem hiesigen Comoedienhause, bey Aufführung der Schauspiele sich verschiedene unangenehme Vorfälle ereignet, deren Abwendung aufs kuenftig noethig seyn will; so wird hiedurch ein Jeglicher alles Ernstes verwarnet, keine verschloßene Logen zu erbrechen, oder vom Parterre in selbige hineinzusteigen, und sie dadurch zu occupiren, sich ueberhaupt aller Unordnungen

Zuvörderst aber seyd uns willkommen,
Und bitten, weiter vorlieb genommen!
Ein Schelm giebt's besser, als er's hat;
Doch denken wir, sammt und sonders satt,
Gute Herrn und Damen, sollt Ihr werden.
Wär' der G'schmack nicht so gar kraus auf Erden
Wir richteten 's oft anders ein.
So aber soll's Rost-beef bald seyn,
Bald Ragout fin, kurz durcheinander
Helleborus und Coriander.

Das Kind bey seinem Namen genannt;
Die Britten haben uns garstig verbrannt.
Da ist ein Ringen nach Hamlets und Learen,
Und, wer weiß, welcherley Wunderthieren!
Schwärmt man nicht mit, trägt man zum Lohn
Flugs ein „God damn the dog" davon.
Bequemt man sich aber; huh, bitter und böse
Werden andere da, die à la Française
Gern alles Fleisch gestutzet sähn!
Da, oft gar finden sich Männerchen,
Die möchten, es thäten von unsern Kehlen
Ihnen Tag für Tag die Ohren gellen,
Gut Ding ist freylich die Musica;
Wiewohl immer und ewig trällern — nun, da
Knorrt doch schon mancher, satt und müde,
Sein „ah che sciagura" aus'm Candide.

Gestehn wir es nur: eigne Art
Geht allemal am besten zu Bart.
Ein jeder, wie ihm der Schnabel gewachsen!
Der Franzmann mag pfeiffen, der Britte sich bogen;
Dem Deutschen schmeckt seine Knackwurst baß,
Als Vogelnest und Ananas.
Drum luden wir Euch, Ihr Herrn und Damen,
Auch heut auf deutsches Spiel zusammen.
Daß Euch's behagt, sehn wir voraus.
Bitten uns demnach freundlich aus,

und Streitigkeiten zu enthalten, und den agirenden Personen auf und hinter dem Theater nicht hinderlich zu seyn, im Widrigen derselbe zu gewärtigen hat, daß er durch die anwesende, dazu requirirte, Königl. Wache in die gehörigen Schranken werde gesetzt, und nach Bewandniß der Umstände in Arrest genommen werden.

Laßt, weil wir hier noch unter Euch krimmeln,
Parterr' und Log' von Köpfen wimmeln.
Seyd Deutsche ja; gönnt deutscher Kunst,
Wie sonst, auch diesmal Eure Gunst.
Besucht uns, daß die Bänke brechen,
Damit nicht lose Mäuler sprechen:
„Das war nicht vorn, nicht hinten gekratzt!"
Adje! — Das heiß' ich redlich geschwatzt!

Störend für die gedeihliche Entwicklung des Theaters waren in diesen Jahren die beständigen finanziellen Schwierigkeiten, mit denen fast alle Theaterdirektoren zu kämpfen hatten. Sie kamen meist schon mit Schulden belastet in Stralsund an und schickten dann das dort verdiente Geld nach außerhalb. In Folge dessen geriethen sie in Stralsund bald in schlimme Noth. Die Prinzipale Amberg, Ilgener, Berger und Preinfall haben denn auch theils förmlich Bankerott¹) gemacht, theils sind sie mit Hinterlassung beträchtlicher Schulden aus Stralsund fortgegangen. Die Gesammtsumme, welche die Bürger an diese vier verloren, wurde auf fünftausend Thaler geschätzt. Die Preinfall'sche Truppe fand in Stralsund viel Unterstützung und machte gute Geschäfte. Aber nach der vorletzten Vorstellung schlich sich der Prinzipal heimlich mit der Kasse davon und hinterließ eine Schuldenlast von mehr als 1000 Rthlr. Später soll er dann mit einer gewissen Harton, die er für seine Frau ausgab, nach Rußland gegangen sein. Die zurück-

---

¹) Der Reichard'sche Theaterkalender auf das Jahr 1783 beschäftigt sich mit den in jener Zeit sehr häufigen Bankerotten der Theaterdirektoren und meint, daß dieses Unglück sogar Männer getroffen habe, welche nicht zu dem Troß der gewöhnlichen Chefs von Schauspielertruppen gerechnet werden dürften, sondern deren Andenken in den Annalen der deutschen Schaubühne mit Ehrfurcht genannt zu werden verdiene. Reichard findet in der Hauptsache den Ruin der Prinzipale durch drei Ursachen hervorgerufen: durch die hochgestiegenen Gagen der Schauspieler — Ekhoff hätte in der glänzenden Zeit seiner ersten Liebhaberrollen nicht über fünf Gulden wöchentlich erhalten, während die jetzigen Schauspieler 20—40 Thaler wöchentliches Gehalt bezögen — durch den Wankelmuth und die hohen Ansprüche des Publikums, welches immer neue Stücke und besonders Vorstellungen mit großartigen Aufzügen, Turnieren, Feldlagern und dergl. verlangte, und endlich durch die Pracht der Schauspielerkleidungen.

gebliebene Gesellschaft spielte hierauf noch einige Zeit fort; als ihr aber die Preinfall'schen Gläubiger den Gebrauch des Theaters und der Garderobe nicht länger gestatten wollten, zerstreute sie sich in alle Welt.

Da auch der Prinzipal Stöffler finanziell sehr ungünstig stand, so entschloß sich einer seiner Hauptgläubiger, der Stralsunder Gastwirth Johann Christian Timme, das Theater selbst zu übernehmen, um sein und seiner Mitbürger Geld nach Möglichkeit zu retten. Er erhielt die Konzession im April 1780. Die Landesregierung versah ihn mit einem ausschließlichen Privilegium. In seiner Absicht lag es, eine Art stehendes Theater zu gründen; seine Truppe sollte aus 16 Personen bestehen und im Laufe des Winters nicht mehr als 90 Vorstellungen geben.¹) Timme engazirte die Gesellschaft Stöfflers, welche unter der artistischen Leitung ihres bisherigen Prinzipals blieb und begann sein neues Unternehmen am 15. September 1780 mit folgendem, von Madame Pauly gesprochenen Prologe:

Wohl mir! Ich bin erhört! — Ja: dieser Opferduft
Stieg nicht umsonst empor, füllt nicht umsonst die Luft.
Das Glück, Ihr Theuren, Euch hinfort allein zu leben,
Den Göttern sey gedankt! sie haben mir's gegeben
Mit diesem Schmuck, der längst mein Ziel, mein Streben war,
Mit dieser Myrt' am Haupt, mit dieser Ros' im Haar.

Allein verzeiht dem Wahn, mit dem mein Herz noch streitet,
Hat Euer Segen auch mich zum Altar begleitet?
Erflehtet, als man mir die heil'ge Weihe gab,
Ihr Fortgang und Gedeihn zugleich auf mich herab?
O ja! Mit ofnem Arm, mit Huld, mit Edelmuthe
Umfingt Ihr stets so ganz das Schöne und das Gute,
Nahmt Ihr jedwede Kunst, nahmt Ihr Talente auf,
Und ihnen wohl zu thun, war Euer Lebenslauf.
Ha denn — Vergehung wär's, Ihr Theuren, so zu fragen:
Darf auch das Schauspiel sich mit Hofnung zu Euch wagen?
Wer liebte es, wie Ihr? Wenn ohne Vaterland,
Wenn ohne Freund es war; wer bot ihm mild die Hand?

¹) Das Timme'sche Unternehmen ist auch in dem Reichard'schen Theaterkalender für das Jahr 1781 und in dem siebzehnten Stück des „Theater-Journals für Deutschland" erwähnt.

Wohlan, laßt dieses Glück auf immer es genießen,
Laßt nie den Vorhang hier sich ohne Beyfall schließen:
Erblickt in ihm fortan mit Patriotensinn
Den Fremdling weiter nicht, nein Eure Bürgerin.
Nehmt Theil an ihrem Wohl, nehmt Theil an ihren Schmerzen,
Stimmt ihren Thränen bey, und lacht zu ihren Scherzen,
Beschützt, ermuntert sie, sprecht zahlreich bey ihr ein.
Gelobet sey es Euch, sie wird es würdig seyn.
Ihr stetes Augenmerk war, Kennern zu gefallen:
Wie glücklich, lohnte sie, Ihr Theuren, von Euch allen
Zum Preis für ihre Müh, zum Sporne ihrer Kunst,
Was sie so sehr verehrt, Geliebte — Eure Gunst!

Aber auch Timme konnte kein günstiges finanzielles Resultat erzielen und gab nach Verlauf eines Winters sein Vorhaben wiederum auf.

Allgemeines Interesse dürften aus diesen Jahren noch die folgenden Mittheilungen haben. Die Erlaubniß, während der Advent- oder der Fastenzeit zu spielen ertheilte die Behörde meist erst nach weitläufigen Verhandlungen; Aufführungen in der stillen Woche wurden ohne Weiteres verboten. Jede Truppe hatte eine theatralische Vorstellung zum Besten des Erziehungshauses für Soldaten-Kinder und der Stadt-Armen zu geben. Während dieser Jahre fanden im Schauspiel-Hause oft glänzende Redouten¹) statt, wurden häufig Concerte

---

¹) Zur Ordnung auf Redouten, Picknicks und Bällen wurde 1784 obrigkeitlicherseits bestimmt:

Niemand von den Tänzern oder Tänzerinnen dürfen im Tantz Saale von Anfang der Redoute bis zu Ende, die Masken abnehmen.

Im Tantz Saale dürfen keine Zuschauer ohne Masken sich aufhalten, diejenigen ausgenommen, die sowol zur militairischen als bürgerlichen Policey gehören.

Die Musikanten dürfen nicht willkührlich einem jeden nach Belieben aufspielen; deswegen soll regulirt seyn, daß sie
zuerst Menuetten, dann französische Quadrilles und so englische Contredanses spielen.

Einer von der Gesellschaft, wird nach vorhergegangenen Uebereinkommen denen Musikanten angeben, welche Quadrille oder Contredanse die Gesellschaft zu tanzen verlangt.

Wenn die Quadrilles und Contredanses geendiget sind, so fangen die Musikanten in voriger Ordnung wieder an, erstlich Menuettes, dann Quadrilles u. s. w. zu spielen.

arrangirt.¹) Im Uebrigen war aber diese Zeit der theatralischen Veranstaltungen eine recht wenig bedeutsame. Das Repertoire war ein einförmiges und reizloses und über die Darstellung als solche wurden auch häufig Klagen laut²).

Alle Masken deren Anblick fürchterlich ist, oder Schrecken und Eckel veruhrsachet, sollen abgewiesen werden.

Sollte Jemand wieder Erwartung sich unbescheiden aufführen, so wird eine solche Maske durch die sowol vom Militaire als Magistrat Bestellte Polizey, masquirt abgewiesen und hinausgeführt; Sollte es aber zum Schelten, Beleidigungen oder gar zum Schlagen kommen, so werden solche Persohnen arretirt und angehalten ihre Masken abzunehmen, ihre Nahmen anzugeben, und nach Befinden der Umstände auf die Haupt= oder in die Bürgerliche Wache geführet werden.

¹) Von solchen im Komödienhause stattgehabten Concerten werden u. a. erwähnt: am 13. März 1776 ein Harfen=Concert veranstaltet von Reymann, am 13. August besselben Jahres ein Concert zweier Virtuosen Namens Rosten auf Harfe und Violine, im Mai 1779 Concerte des an den schwedischen Hof reisenden Virtuosen auf der Violine und dem Cello, Herrn Simon, und im September 1781 Vokal= und Instrumental-Concert einer italienischen Gesellschaft auf Mandolino und Mandola.

²) Zur Vermeidung von Unglücksfällen auf der Straße und zur Aufrechterhaltung der Ordnung beim Schluß der Vorstellungen wurde 1779 bestimmt:

1) daß diejenigen Wägen, so zur Abholung ihrer Herrschaften herbey kommen, keinen andern Weg, als durch die Mönchenstraße von oben, oder vom sogenannten Rammelsberge, oder der Ravenbergerstraße her, bis an das Comedienhaus nehmen, und sich sämtlich an derjenigen Seite, an welcher dieses belegen ist, halten, auch so, wie sie nach und nach ankommen, ohne Aufsehen, wem sie gehören mögen, hinter einander bis an den Rammelsberg zurücke dergestalt rangiren, daß die andere Seite der Gasse, nebst der Ravenberger Straße, für die Fußgänger frey bleibe.

2) daß beym Abfahren diejenige Kutsche, so dem Comedienhause allemal am nächsten ist, vor dasselbe auffahre, ihre Herrschaft einnehme, und blos zum neuen Markte, zur heiligen Geiststraße, oder die Gasse nach dem Külerthore herunter fahre, niemand aber vor dem Comedienhause umwende, oder die Mönchenstraße zurücke fahre.

3) daß kein Kutscher auffer seiner Ordnung, wenn er gleich von der Herrschaft gerufen würde, vor das Comedienhaus fahre, sondern ein Jeder blos seinem Vorgänger, so wie ihn die Reihe trifft, nachfolge.

4) daß die Bedienten nach dieser Vorschrift ihre Herrschaften in den Logen zu benachrichtigen haben, wie weit ihre Carosse zurück stehe, und

Erst mit dem Herbst des Jahres 1781 trat eine Wendung zum Besseren ein. Stöffler beabsichtigte zu Michaelis genannten Jahres wieder in Stralsund die Bühne zu eröffnen und hatte auch hierzu vom Rathe bereits die Konzession erhalten. Aber in Greifswald, wo er auch spielte, hatte er sich in Schulden gestürzt und durch gerichtliche Pfändung Garderobe und Dekorationen verloren. Da er ferner wegen seiner schlechten finanziellen Lage zu dem festgesetzten Termine keine gute Gesellschaft zusammengebracht hatte und in absehbarer Zeit dazu notorisch auch nicht im Stande war, so entzog ihm der Rath die Konzession und übertrug sie dem aus der Zeit der Ilgener'schen Direktionsführung her rühmlichst bekannten Balletmeister Johann Tilly.[1]) Und hiermit that man einen sehr guten Griff, denn Tilly zählt zu den besten Bühnenleitern, die während des 18. Jahrhunderts in Stralsunds Mauern gewirkt haben. Er hat es verstanden, durch ein geschickt ausgewähltes, abwechselungsvolles Repertoire und durch eine sorgsam geschulte Truppe[2]) eine große Anziehungskraft auf das Publikum auszuüben. Er besaß eine vollständige Balletgesellschaft und war selbst als erster Solotänzer thätig. Seine Direktionszeit ist die längste von allen der im alten Stralsunder Komödienhause thätigen Bühnenleitern. Tilly trat mit seiner Truppe in Stralsund auf in den Jahren 1781 (November und Dezember), 1782[3]) (Januar bis März), 1783 (März

---

wie bald solche vorfahren könne, damit die Herrschaft nicht bey dem Ausgange des Hauses warten, und selbigen beengen dürfe.

Diese Bestimmung ist mit geringfügigen Aenderungen mehrfach erneuert worden, zum letzten Male am 22. November 1813.

[1]) Tilly geboren 1753 zu Wien.

[2]) Genaue Personen-Verzeichnisse der Tilly'schen Gesellschaft bringen die Jahrgänge 1784—1788 und 1790—1794 des Reichard'schen Theaterkalenders.

[3]) Im Juni 1782 gab eine Gesellschaft durchreisender italienischer Operisten, im Juli desselben Jahres eine Truppe deutscher Schauspieler Vorstellungen in Stralsund. Etwas Näheres weiß man über sie nicht.

bis April), 1784 [1]) (Januar bis Juli), 1785 [2]) (Februar bis Juni) und 1786 (März) und brachte folgende bemerkenswerthe Novitäten zur Darstellung:

1781. 22. November. „Die Gefahren der Verführung." Schauspiel von Friebr. Ludwig Schröder.
        11. Dez. „Die Jagd." Komische Oper von Johann Adam Hiller.
        27. Dez. „Der Kaufmann von Venedig." Lustspiel von Shakespeare.
1782. 7. Januar. „Romeo und Julia." Trauerspiel von Shakespeare.
        9. Januar. „Medea." Drama von Gotter.
        24. Januar. „Merope." Trauerspiel von Voltaire.
        28. Januar. „Der Deserteur." Oper von Monsigny.
1784. 15. Januar. „Der gutherzige Murrkopf." Lustspiel von Goldoni.
        16. Februar. „Gaßner der Zweite" oder „Er trieb würklich den Teufel aus." Lustspiel nach Shakespeare nationalisirt von Schink.
        29. Juni. „Amtmann Graumann." Schauspiel von Friedrich Ludwig Schröder.
        6. Juli. „Die Mahler." Lustspiel von Babo.
1785. 28. Februar. „Die schöne Arsene." Oper von Monsigny.
        7. März. „Die unmögliche Sache." Lustspiel von Friedrich Ludwig Schröder.
        16. März. „Kabale und Liebe." Trauerspiel von Schiller.
        11. April. „Zemire und Azor." Romantische Oper von Gretry.
        25. April. „Der politische Kannengießer." Lustspiel von Holberg („So wie auf der Hamburger Schaubühne nach der Umarbeitung des berühmten Schröder gegeben").
        17. März. „Der Barbier von Sevilla." Komische Oper von Friedrich Ludwig Benda.

[1]) Unter der Ueberschrift „Kindergesellschaft zu Stralsund" bringt Reichards Theaterkalender Jahrgang 1784 folgende Mittheilung: Einige Familien haben sich zusammen gethan, ihre Kinder von Zeit zu Zeit die dramatischen Stücke aus Campens, Weissens u. a. Erziehungsschriften spielen zu lassen. Der Anfang ist mit Weißens leichtsinnigem Knaben gemacht worden und ziemlich ausgefallen. Die Mitglieder dieses gesellschaftlichen Kindertheaters sind bis jetzo: Mamsell Hercules, Mamsell Anna Lebebour, Mamsell Thomas, Monf. Lebebour, Monf. Groskurd, Monf. Illies, Monf. Hercules und Monf. Demeder.

[2]) Im Jahre 1785 verließ in Stralsund der Schauspieler Friedrich Wilhelm Hofmann die Tilly'sche Truppe, um in Greifswald zu studiren. Bevor er Schauspieler wurde, war er in Breslau Friseur. Vom Anfang der neunziger Jahre ab lebte Hofmann als Jagd-Sekretär zu Stralsund. Verfasser des Lustspiels: „Abwesenheit macht Zwist".

Verbot der „Räuber"-Aufführung.

30. Mai. „Die Hochzeit des Figaro." Lustspiel von Beaumarchais, bearbeitet von Rüdiger.
13. Juni. „Das gute Mädchen." Lustspiel von Piccinni.
1786. 9. März. „Die Mündel." Schauspiel von Iffland.

Das erste Schiller'sche Drama, welches in Stralsund aufgeführt wurde, war also „Kabale und Liebe". Das Stück wurde aber mit verändertem Schluß gegeben. In der Anzeige war bemerkt: „Wir wollen aber das inständige Anliegen unserer geneigten Gönner willfahren und es als Drama aufführen, so daß die Katastrophe sich glücklich endet." Früher als „Kabale und Liebe" sollten — so plante man — allerdings Schiller's „Räuber", noch nicht fünfviertel Jahre, nachdem sie die Feuerprobe in Mannheim [1]) so glänzend bestanden hatten, über die Stralsunder Bühne gehen. Direktor Tilly hatte zur Eröffnung der Saison die Aufführung des Stückes auf Mittwoch, den 26. März 1783, festgesetzt. Die Anzeige in der „Stralsundischen Zeitung" lautet folgendermaßen: „Künftige Woche wird die Tillische Schauspieler-Gesellschaft wegen des einfallenden Festes[2]) Mittwoch, Donnerstag und Freytag die Schaubühne eröffnen und Mittwoch die Räuber, ein Schauspiel in 5 Aufzügen von Hrn. Regim. Doct. Schiller aufführen." Aber die Vorstellung fand nicht statt. Das Stück war einstudirt, die Anzeigen waren erlassen, die Theaterzettel an die Straßenecken angeschlagen und die Billets zumeist verkauft. Da ließ in letzter Stunde plötzlich der schwedische General-Gouverneur Graf von Hessenstein[3]) das Schiller'sche Stück seines gefährlichen Inhaltes wegen verbieten, die Theater-Zettel abreißen und das Schauspielhaus für den Abend schließen. Und dieses Verbot der „Räuber"-Aufführungen wurde für eine lange Reihe von Jahren hindurch auf das Strengste aufrecht erhalten. Zahlreich geäußerte

---

[1]) Erste Aufführung der „Räuber" in Mannheim am 13. Januar 1782.
[2]) Mariä-Verkündigung.
[3]) Se. Durchlaucht, Friedrich Wilhelm, Graf von Hessenstein, Sr. Königl. Maj. und des Reichs-Rath, Feld-Marschall, der Greifswaldischen Akad. Kanzler, Ritter und Kommand. der Königl. Orden, des H. Röm. Reichs-Fürst war General-Gouverneur in Schwedisch-Pommern in den Jahren 1776 bis 1791.

Wünsche des Publikums und wiederholte Anträge der Theater-Direk-
tionen blieben ohne den gewünschten Erfolg.

Die Spielzeit 1783 wurde am 2. April durch folgende von
Madame Tilly gesprochene Abschiedsrede geschlossen:

 Darf ich, ihr Herren und ihr Damen?
 Wiewohl im Zettel hieß es ja —
 „Zum letztenmale heut —" und da
 War längst in unser aller Namen
 Ein Wort der Stilus curiae.
 Zwar Scheiden, spricht man, thue weh;
 Doch sollten wir für Wehmuth platzen —
 Mir nichts, dir nichts, gehn nur vom Taubenschlag die Katzen,
 In forma sagen wir Adieu.
 Wär's nicht seit Vater Thespis Zeiten
 Uns ehrlichen Theaterleuten
 Nun schon so auferlegt, daß wir
 Mit Cain um die Wette büßen;
 Parol', vor euren Augen hier
 Würd' einst Freund Hain uns mähen müssen.
 So aber kann's nicht anders seyn.
 Des Schicksals Seiger hat geschlagen,
 Und nolens. volens — kurz zu sagen,
 Weil Sperren wenig hilft, ziehn wir die Seegel ein.
 Doch nota bene, eh wir enden,
 Bezahlen wir erst unsre Schuld.
 Ihr spendetet mit reichen Händen
 Hier Liebe, Freundschaft, Beyfall, Huld,
 Und was so manches Guten weiter,
 Uns täglich aus. Nur Bärenhäuter
 Ziehn das aufs Trockene; nicht wir.
 In unsern Seelen mit einander
 Weht stets der regste Dank dafür,
 Wie in der Glut der Salamander.
 Und so nehmt den jetzt von uns an —
 Nochmals, er fließt aus unsern Herzen:
 Und ob die mit Gefühlen scherzen — —
 Doch halt! Die Stunde rückt heran,
 Der Stab beginnt bereits zu knacken.
 In Eil demnach zusammen packen
 Muß ich nur unseren Tribut —
 Ihr Damen und ihr Herren! Lebt wohl und bleibt uns gut. —

Der erste Gast; die Direktoren Hostowsky und Fenbler.

Zur Zeit Tilly's wird zum ersten Male ein Gast auf der Stralsunder Bühne namhaft gemacht: Madame Scholz[1]), die Schwester des Direktors aus Berlin. Die Künstlerin debutirte am 7. Januar 1782 als Julia im Shakespeare'schen Trauerspiel und hatte einen so großen Erfolg, daß das Gastspiel noch an vier Abenden bei gut besetztem Hause fortgesetzt werden konnte. Weniger gefiel das Jahr darauf eine zweite Schwester Tilly's, Frau Fischer[2]) vom Prager Theater, welche sich mit einem einzigen Gastspiel begnügen mußte. Als ständiges Mitglied gehörte zu der Truppe der auch als Dramatiker bekannte Schauspieler Hagemann[3]). Tilly spielte in den Monaten, in welchen er nicht in Stralsund beschäftigt war, mit seiner Gesellschaft in den Städten Lübeck, Eutin, Wismar, Rostock[4]) und Greifswald.

Im Jahre 1787[5]) blieb das Theater geschlossen. Ein früheres Mitglied der Tilly'schen Truppe Huber, der von der Stadt als Tanzmeister mit einem jährlichen Gehalt von 50 Reichsthalern angestellt war, erhielt zwar die Theater-Konzession, hat aber keinen Gebrauch von derselben gemacht.

Die Direktoren Hostowsky und Fenbler, welche gemeinsam im Februar und März 1788 die Bühne leiteten,

---

[1]) Franziska Edmunde Scholz, geboren zu Prag 1754, war schon von Jugend an beim Theater. Sie gehört zu den größten deutschen Schauspielerinnen ihrer Zeit. Im Jahre 1767 war sie in Mannheim, 1769 in Wetzlar, 1772 in Linz und 1774 kam sie zum Prager Theater, wo sie als Julia die glänzendsten Triumphe feierte. Sie starb am 20. November 1797 zu Breslau.

[2]) Josepha Fischer, geboren zu Feldsperg 1749, war schon von Jugend an beim Theater.

[3]) Friedrich Gustav Hagemann, geboren 1760 zu Oranienbaum, ging 1785 von der Universität zur Bühne über und war bis 1812 nach einander Mitglied des Theaters zu Stralsund, der Gesellschaft von Großmann und Haßloch, der Bühnen zu Bremen, Hamburg, Altona u. s. w. Verfasser zahlreicher Bühnenwerke. Er starb nach 1820. (Vergl. Brümmer: „Lexikon der deutschen Dichter und Prosaisten".)

[4]) Am 7. Juni 1786 weihte die Tillysche Truppe das neuerbaute Theater in Rostock feierlich ein.

[5]) Am 16. April 1787 wurde von den Lorenzischen Kindern, wovon das älteste 8 Jahre alt, ein dreyfaches Schauspiel gegeben.

brachten nicht eine einzige bedeutende Novität.[1]) Sie verlegten den Schwerpunkt ihrer Thätigkeit auf die Veranstaltung von Redouten, die sie zu möglichst glänzenden zu machen sich eifrig bemühten. So fand z. B. bei einem Maskenball ein großer Aufzug „der triumphirende Einzug des Don Quixotte von Mancha in Mantua" statt, dessen Anordnung zur Illustrirung der Masleraden jener Zeit hier folgen mag:

Personen: 1) Ein Mann mit einer weißen Fahne. 2) Vier Schildknappen mit Schildern. 3) Vier Musici in Spanischer Kleidung. 4) Vier Männer die ein Schaaf tragen, das mit Blumen umwunden ist. 5) Vier Schäfer. 6) Vier Männer die eine mit Blumen umwundene Wind Mühle tragen. 7) Vier Müller-Gesellen. 8) Don Quixotte zu Pferde in völliger Rüstung, ohne Helm — an dessen statt ein Barbier-Becken, die Lanze in der Hand. 9) Vier weißgekleidete Frauenzimmer die den Ritter mit Guirlanden umgeben. 10) Ein Stallknecht. 11) Vier überwundene Ritter ohne Schwerdt zwey und zwey zusammen geschlossen 12) Vier Musici in Spanischer Kleidung. 13) Dulcinea von Tobojo — die Dame des Herzens des Ritters — in abgeschmackter Bauern-Kleidung auf einen Thron, den 14) Vier Männer in schwarzen Mänteln tragen. 15) Vier weißgekleidete Frauenzimmer, die sie mit Guirlanden umkränzen. 16) Vier überwundene Ritter ohne Schwerdt, zwey und zwey zusammen geschlossen. 17) Vier Pfeiffer in Bauern-Kleidung. 18) Sancho Pansa, der Stallmeister des Ritters in Bauern-Kleidung — ungeheuer dick — mit Würsten umhangen — in einer Hand ein gebraten Huhn, in der anderen eine Flasche Wein, auf einem Esel reitend — einen Quersack mit Victualien vor sich. 19) Vier Kinder weißgekleidet, die ihn mit Würsten umgeben.

Trotz der etwas marktschreierischen Ankündigung darf man diese Art Veranstaltungen doch keineswegs in Vergleichung mit den glänzenden Aufzügen der Gegenwart setzen; denn die Garderobe jener Zeit hatte sich zwar im Laufe der Jahre gegen den oben geschilderten

---

[1]) Die Hostowsky-Fendler'sche Gesellschaft ist um Ostern 1787 in Rostock gebildet worden. Das genaue Personen-Verzeichniß enthalten die Reichard'schen Theaterkalender von 1788 und 1789.

Zustand aus der ersten Hälfte des Jahrhunderts erheblich gebessert; aber sie muß dennoch bei Wandertruppen immer noch armselig genannt werden. Nur die Hauptpersonen zeichneten sich durch bessere Gewandung aus, während bei den übrigen Mitwirkenden die Vermischung der modernen Tracht mit dem Kostüm noch nicht ganz geschwunden war.

Fast fünfviertel Jahre stand darauf das Theater wieder unbenutzt, bis nochmals der Theater-Direktor Tilly zurückkehrte. Er spielte alsdann in Stralsund in den Jahren 1789 (Juni und Juli) und 1791 [1]) (Juli bis Oktober); im Jahre 1790 blieb das Theater wiederum geschlossen. Tilly hatte die durch das Ableben des Markgrafen zu Schwedt vacant gewordene Schauspieler-Gesellschaft engagirt und war daher im Stande, den Anforderungen des Publikums an eine gute Bühne in jeder Hinsicht zu entsprechen. Tilly gab Opern, Schauspiele und Ballets. An Novitäten gelangten zur Aufführung am:

1789. 29. Juni. „Doctor und Apotheker." Komische Oper von Dittersdorf.
1791. 14. Juli. „Die Sonnenjungfrau." Schauspiel von Kotzebue.
15. Juli. „Die Pilgrimen von Mecca." Komisches Singspiel v. Gluck.
26. Juli. „Abelheid von Mulfingen." Schauspiel von Kotzebue.
1. August. „Heinrich der Vierte." Schauspiel von Shakespeare.
28. September. „Macbeth." Trauerspiel von Shakespeare.

Dazu kam noch eine Reihe von neuen Stücken von Ziegler, Jünger, Wall, Spieß u. A. Auch Schillers „Räuber" wurden wieder ein Mal angekündigt, mußten aber auf obrigkeitliche Anordnung wiederum vom Repertoire abgesetzt werden. Am 6. Oktober 1791 beendete Tilly seine Thätigkeit in Stralsund. Nach der Aufführung des Lustspiels „Der Ring" folgte noch ein dem „hochgeehrtesten Publikum mit Ehrfurcht und Dankbarkeit gewidmeter" Epilog: Der Abschied der Schauspieler, in dem Frau Tilly eine Rede an die Zuschauer hielt. Die Direktion gab der Hoffnung Ausdruck, im folgenden Jahre nach Stralsund zurückkehren zu können; aber diese Hoffnung hat sich nicht erfüllt. Tilly ging wie gewöhnlich von

---

[1]) Im August 1791 bewarb sich der Directeur der Königl. Preuß. privilegirten Schauspieler-Gesellschaft Joachim Lion um die Konzession. Er wurde aber abgewiesen, da Tilly mit den Vorstellungen bereits begonnen hatte.

Stralsund nach Lübeck und erhielt dort im März einen Ruf, zu den Messen nach Braunschweig zu kommen, welchem Rufe er sogleich freudig Folge leistete. Er vereinigte nunmehr diese Stadt mit Lübeck und Kassel; Stralsund hat er aber nicht wieder gesehen.[1])

Das Jahr 1792 brachte schwere Trauer über das schwedische Reich. König Gustav III. wurde in Stockholm in der Nacht vom 16. zum 17. März auf einem Maskenball von Ankerström durch einen Schuß in den Rücken tödlich verwundet und starb am 29. desselben Monats.[2]) Die für den Monarchen angeordnete Landestrauer verhinderte natürlich auch in Stralsund theatralische Veranstaltungen.[3]) Maskenbälle wurden auf Jahrzehnte im schwedischen Reiche gänzlich verboten.

Erst am 13. Juni 1793 öffneten sich die Pforten des Stralsunder Komödienhauses von Neuem. In dasselbe war nunmehr die deutsche Schauspieler-Gesellschaft Carl Gutermanns eingezogen.[4]) Die

---

[1]) Tilly starb 1795 zu Braunschweig. Die Todesbotschaft erfüllte, wie Asmus in seiner Lübecker Theatergeschichte („Die dramatische Kunst und das Theater zu Lübeck" 1862) berichtet, fast ganz Lübeck mit Trauer, denn man hatte den braven Künstler seit einer Reihe von Jahren lieb gewonnen. Die Gesellschaft löste sich nicht auf, sondern wurde von Mad. Tilly fortgesetzt. Diese hatte im Jahre 1794 einen ziemlich abenteuerlichen Zug mit einer eigenen Gesellschaft nach Petersburg unternommen. Das Unternehmen lief jedoch glücklicher ab, als zu erwarten war. Ihre Bühne fand in Petersburg Beifall, und schon war der Plan zu einem neuen Schauspielhause für sie fertig, als der Tod ihres Mannes sie zurückrief. Sie übernahm nun die Gesellschaft und die beträchtlichen Schulden ihres Mannes und arbeitete bis an ihren Tod unermüdet an deren Tilgung. Sie starb zu Braunschweig 1799.

[2]) Das Stockholmer Opernhaus, in dem die unglückliche Maskerade stattfand, wurde durch Trauermusik zu Ehren des höchstseligen Königs wieder eingeweiht. Danach gab man Trauerspiele und Dramen und erst nach Verlauf eines Jahres führte man wieder Opern darin auf.

[3]) Wegen der Landestrauer wurde auch das Konzessions-Gesuch des Kgl. Preuß. privilegirten Schauspieldirektors Toscani, welcher im Mai 1792 von Pasewalk nach Stralsund kommen wollte, abschlägig beschieden.

[4]) Ein vollständiges Mitglieder-Verzeichniß der Gutermann'schen Gesellschaft enthält der Reichard'sche Theater-Kalender für 1797.

Leistungen dieser Truppe, welche beim Beginn der Aufführungen in Stralsund vor kaum neun Monaten gegründet war, ließen Anfangs Manches zu wünschen übrig. Aber Fleiß und Umsicht des Direktors schafften bald Besserung. Trotzdem hatte er, wie mancher seiner Vorgänger nur ein recht kärgliches Einkommen, und mußte sich sehr einschränken und bisweilen sogar die Nachsicht der Behörden erbitten, damit er nur allen seinen Verpflichtungen gerecht werden konnte. Gutermann spielte in Stralsund in den Jahren 1793 (Juni und Juli; November und Dezember) 1794, (Januar bis Mai; November und Dezember) und 1795 (Januar) und gab folgende bemerkenswerthe Novitäten:

1793. 13. Juni. „Menschenhaß und Reue." Schauspiel von Kotzebue.
   27. Juni. „Die Jäger." Ländliches Sittengemälde von Iffland.
1794. 2. Januar. „Clavigo." Trauerspiel von Goethe.
   6. Januar. „Otto der Schütz." Schauspiel von Hagemann.
   13. März. „Hieronimus Knicker" Komische Oper von Dittersdorf.
   21. März. „Das Kind der Liebe." Schauspiel von Kotzebue.
   21. Mai. „Othello, der Mohr von Venedig." Trauerspiel von Shakespeare, bearbeitet von Wieland.
   7. November. „Das Mädchen von Marienburg." Schauspiel von Kratter.
   30. Dezember. „Fürsten-Größe." Schauspiel von Ziegler.

Im Winter 1793/94 wurde an die Behörde vom Publikum wiederum mehrfach das Ansuchen gestellt, die noch immer verbotene Aufführung der Schiller'schen „Räuber" doch endlich freizugeben. Aber die hohe Obrigkeit verharrte auf ihrem ablehnenden Standpunkt. Da also mit Bitten nichts zu erreichen war, beschloß man eine Pression auszuüben, um die Aufführung der „Räuber" zu ertrotzen. Dem Publikum war in jener Zeit gestattet, im Theater seine Wünsche in Betreff späterer Aufführungen laut werden zu lassen. Von diesem Gewohnheitsrechte machte man nun am 11. April 1794 nach Beendigung der Aufführung — es war die zweiaktige, komische Oper „Das rothe Käppchen" von Dittersdorf gegeben worden — Gebrauch, verlangte unter Nichtbeachtung der obrigkeitlichen Erlasse aufs Heftigste und Lauteste die Aufführung der „Räuber" und führte so eine sehr unliebsame Szene herbei. Der Magistrat Stralsunds suchte die Schuld für diesen Auftritt in der Hauptsache dem Militär aufzubürden und bemühte sich, den ganzen Vorfall als einen geringfügigen darzustellen, da sich nur wenige Personen an der Demonstration betheiligt hätten. Daß dem aber nicht so gewesen ist, sondern daß ein ganz regelrechter Theater=Skandal stattgefunden hat, darf man wohl aus den Verhandlungen folgern, welche zwischen den verschiedenen Behörden gepflogen wurden, und aus den ängstlichen Bemühungen des Theater=Direktors Carl Gutermann, in dieser Angelegenheit weder Obrigkeit noch Publikum zu verstimmen. Wenn wirklich nur ein kleiner Theil des Letzteren die Darstellung der „Räuber" gefordert hätte, so würde Gutermann sich schwerlich so sehr um den Besuch seiner Aufführungen und um seinen Verdienst gesorgt haben. Aber gegenüber der in der Einwohnerschaft weit verbreiteten Stimmung konnte er die Wünsche des Publikums nicht gut einfach ignoriren; andrerseits fürchtete er aber, sich durch Uebertretung der polizeilichen Verfügungen die Konzession zu verscherzen. Er stellte daher beim Rathe den Antrag, ihm entweder die Erlaubniß zur Aufführung der „Räuber" zu ertheilen oder auf schriftlichem Wege das Verbot zu bestätigen, damit ihm dieses Dekret dem Publikum gegenüber zur Entschuldigung und Rechtfertigung dienen könne. Der Rath erfüllte seinen letzteren Wunsch und erneuerte, unter Androhung einer Strafe von 50 Reichsthalern im Uebertretungsfalle, das Verbot der Aufführung, „da die Praesentation des Schauspielstückes, die Räuber genannt, seines gantzen Inhalts halber nichts anderes als sehr schädliche Würkungen hervorbringen könne". Außerdem richtete unter dem 15. April 1794 der Magistrat an den General=Gouverneur folgendes interessante Schreiben:

Tit. Sr. Excellence des Herrn General Gouverneurs Grafen Ruuth.[1]

Die am vorigen Freitage im Comoedien-Hause von einigen auf dem Parterre befindlichen Personen gemachten ungestümen Anforderungen an die Schauspieler, daß das Schauspiel: Die

---

[1] Graf Erich Ruuth, Reichsherr, der Greifswaldischen Akad. Kanzler, Ritter und Kommand. der Königl. Orden, wie auch Ritter des Wasa=Ordens war General=Gouverneur in Schwedisch=Pommern in den Jahren 1792 bis 1796.

Schreiben des Magistrats an den General-Gouverneur. 63

Räuber von ihnen das nächste mahl gegeben werden sollte, veranlasset uns, Euer Excellence nachfolgende Vorstellung zur gnädigen Beprüfung in Untertänigkeit vorzulegen.

Schon seit mehreren Jahren werden die Stücke, welche die Direction der Schauspiele auf das Theater zu bringen gedenkt, von jemanden unseres Mittels censiret. Eine Veranstaltung, welche man in einer wohl policirten Stadt hoffentlich nur ungern vermissen würde. So wird anjetzt um so viel nothwendiger, alß Verachtung der Religion und GeringSchätzung guter moralischer Gesinnungen der herrschende Ton ist und sich biß auf jede Menschen Classe verbreitet und die fürs Theater schreibenden Dichter sich nicht selten erdreisten, den handelnden Personen solche Reden in den Mund zu legen, in welcher ungebundene FreiheitsLiebe, Roheit der Sitten und Verachtung aller guten Ordnung alß lobenswerthe Eigenschaften gepriesen werden.

Unter solchen TheaterStücken gehöret vorzüglich auch das Schauspiel unter dem Nahmen: Die Räuber. Wenn in diesem Stücke eine Gesellschaft junger Leute vorgestellet wird, welche gut und edel zu handeln glaubt und würklich dann und wann edel und großmütig handelt; dabei aber zur Rettung ihrer Spießgesellen und sonst zur Erreichung ihrer Absichten sich erlaubt, eine Stadt anzuzünden und in die Asche zu legen, andere Menschen ums Leben zu bringen und einen SelbstMord zu begehen und wenn eine solche Gesellschaft in einen so vortheilhaften Lichte dargestellet wird, daß sie den Zuschauern Beifal abgewinnen sol, muß dann nicht der davon zu erwartende Eindruck für höchst nachtheilig und gefährlich geachtet werden? Unter den Zuschauern giebt es Leute allerlei Art, Leute von keiner Erziehung und keinen festen und bestimmten Grundsätzen. Diese heben aus einer solchen Vorstellung einzelne Handlungen, einzelne Aeußerungen aus. Die lebhafte action der Schauspieler präget sich ihnen tief ein und es kan die Zeit kommen, da sie mächtig gereitzet werden, es gleich also zu machen, es kan die Zeit kommen, da der lange genährte Gedanke bei ihnen in That übergehet. Man weiß es ja aus den öffentlichen Zeitungen, daß eben das Stück die Räuber eine Gruppe junger Knaben in Leipzig vor verschiedenen Jahren dahin brachte, ihren Eltern zu entlaufen, um unter sich eine Räuber Gesellschaft zu errichten. Mit vielem Rechte ist daher diese piéce in den mehrsten und größten Städten Deutschlands vorlängst untersaget und wenn es noch an einigen Orten gebuldet wird, so bezeugen die Journale darüber ihre Verwunderung und ihr Mißfallen. — In eben diesen Rücksichten verboth Se. Durchlaucht, der Fürst von Hessenstein zur Zeit seines Gouvernements hierselbst die Aufführung dieses Stücks, obgleich die solches annoncirenden Zettel schon angeschlagen und herumgetragen waren. Nach diesen Vorgängen haben auch wir uns gerichtet, nicht minder aber aus eigener Ueberzeugung von der Schädlichkeit eines solchen Schauspiels nicht nur im Sommer des verwichenen Jahres, sondern auch bei einer wiederhohlten Anfrage in dem verflossenen Winter dessen Aufführung wiederraten und untersaget.

Sehr unerwartet ist es uns also gewesen, wenn bei dem, TheaterFreunden durch die Schauspieler ohnfehlbar bekannt gewordenen Verbothe einige zum hiesigen Militaire gehörige Personen, deren Anzahl, so viel wir vernommen haben, nur klein ist und vielleicht nicht zehn Personen betragen mag, die Vorstellung des genannten Stücks zu erzwingen sich bestrebet und unter dem Nahmen des Publicum solche von den sich sträubenden Schauspielern bedrohentlich gefordert haben. Immerhin kan das Parterre alhir, so wie an anderen Orten befugt seyn, die Aufführung dieser oder jener Piéce zu begehren; biß dahin kan diese Befugniß sich jedoch nie erstrecken, daß es die Repraesentation der von der Behörde aus guten und wichtigen Ursachen verbotenen Schauspiele gleichsam gewalttätig zu erpressen vermag. Dies kan selbst dem zahlreichsten und in seinem Wunsche ungetheilten Parterre nicht, viel weniger aber einer Verhältnißmäßig sehr geringen Anzahl desselben vergönnet seyn. Bei einer solchen verstatteten Freiheit wäre alle vorgängige Nachsicht und Censur der TheaterStücke gänzlich unnütz und wir müssen es hiermit frei und unverhohlen erklären, daß wir auf einen solchen Fal uns künftig damit nicht belästigen können, und wollen.

Ueberzeugt, daß Euer Excellence eine geläuterte Religion und die Beförderung und Verbreitung ächter sittlicher Gesinnungen ehren und wünschen, wagen wir es, Hochdenselben in Untertänigkeit anzutreten und aufs dringendste zu bitten, nicht zuzugeben, daß in dem hiesigen Schauspielhause maximen, welche mit den Vorschriften der Religion und der Moral in offenbarem Widerspruche stehn, debutiert und einer zahlreichen Versammlung von Menschen von sehr gemischter DenkArt durch das Spiel der Schauspieler und die Reize des Theaters annehmlich gemacht werden; vielmehr die Gnade zu haben, das von uns erlassene Verboth zu genehmigen, alß Oberbefehlshaber des hiesigen Militaire den Angehörigen desselben alle unruhigen Störungen dieser Angelegenheit halber ernstlich zu untersagen und die Schauspieler vor allen für sie etwa hieraus besorglichen Insulte zu schützen.

Wir verharren mit der tiefsten und unwandelbarsten Ehrerbietung,

Tit.:
untertänige
Bürgermeister und Rath der Stadt Stralsund.[1])

Der General-Gouverneur stimmte den Ausführungen des Magistrats unbedingt bei: Die aufgestellten Grundsätze entsprächen vollkommen der Denkart jeder rechtschaffenen, das Bedürfniß der Zeit beherzigenden Obrigkeit; auch er sehe Religion und Moralität

---

[1]) Das Magistrats-Kollegium Stralsunds bestand im Jahre 1794 aus folgenden Mitgliedern, den
Bürgermeistern:
Johann Albert Dinnies. Carl Ludwig Herkules. Johann Heinrich Bentzin. Johann Gottlieb Levenhagen.
Syndikus Johann Lucas Kühl. Consyndicus Rudolph Gülich.
Rathsherren:
Christian Lucas Hagemeister. Johann Friedrich Classen. Johann Christian Bartholdi. Lucas Friedrich Stegemann. Johann Christian Biel. Christian Jacob Hagemann. David Lucas Kühl. Johann Friedrich Stiveleben. Hermann Ehrenfried Scheven. Johann Ludwig Wadmann. Carl Ehrenfried Reimer. Adam Fabricius. Johann Israel.
Protonotarius Carl Michael Colberg. Sekretarius Ehrenfried Eug. Buschmann.

für die festesten Stützen der bürgerlichen Wohlfahrt an und werde demnach nie gestatten, daß solche auf irgend eine Art und Weise angefaßt oder erschüttert würden. So unterblieb auch dieses Mal wiederum die Aufführung der „Räuber".

Carl Gutermann, welcher neben Stralsund auch in Rostock, Neu-Strelitz, Greifswald¹) und einer Anzahl kleiner mecklenburgischer und vorpommerscher Ortschaften spielte, ging beim Beginn des Frühjahrs 1795 nach Schweden hinüber und setzte seine Vorstellung zunächst in Gothenburg fort.

Im Februar 1795 spielte sich wieder ein Vorgang ab, der lebhaft an die oben geschilderten alten Kompetenzstreitigkeiten zwischen Regierung und Rath aus den zwanziger und dreißiger Jahren des Jahrhunderts erinnerte. Der Theater-Direktor Fendler suchte beim Magistrat die Erlaubniß nach, öffentliche Schauspiele aufführen zu dürfen und schrieb unter Hinweis auf seine frühere²) Thätigkeit in Stralsund Folgendes: „Die Aufführung, sowie das Betragen der zu meiner damaligen Schaubühne gehörenden Mitglieder, war auch zu der Zeit, soviel mir bewußt ist, so anständig und pflichtmäßig, daß Ewr. Hochwohlgeboren weder durch Klagen und Beschwerden belästiget seyn, noch durch Nachlässigkeit oder Unachtsamkeit, Ursache zum Mißvergnügen bekommen haben werden." Viele Leute in der Stadt — so begründete er seine Bitte weiter — wünschten bei der noch rauhen Jahreszeit ein gutes Schauspiel zu haben und er selbst werde sich bemühen, „durch richtige und lebhafte Vorstellung der besten Schauspiele, Opern und Ballets, so wie auch durch gute Ordnung und Pünktlichkeit die Zufriedenheit des Rathes und den Beifall des einsichtsvollen Publikums zu verdienen" Der Rath beschied jedoch Fendler abschlägig, unter der Begründung, die Fasten stünden nahe bevor und in denselben sei die Aufführung von Schauspielen nicht gestattet. Die Regierung, an welche sich Fendler sofort wandte, gab die Erlaubniß und der Rath mußte wiederum nachgeben. Die Kon-

---

¹) In Greifswald begehrte das Publikum den Schiller'schen „Don Carlos" ohne Kürzungen zu sehen. Man vertheilte daher das Stück auf zwei Abende, und gab am ersten drei, am zweiten Abende die beiden letzten Akte bei zahlreichem Zuspruche und aufmerksamer Stille.

²) Fendler spielte schon im Jahre 1788 in Stralsund.

zeſſion, welche Anfangs nur auf vier Wochen ertheilt war, wurde später verlängert, ſo daß Fenbler von Anfang März bis Ende April 1795 Vorſtellungen geben konnte. Aus ſeinem Repertoire ſind nur hervorzuheben: „Das Findelkind", Luſtſpiel von Brühl, „Le Soldat Magicien", Komiſche Oper von Monſigni, und „Das Ehrenwort", Luſtſpiel von Spieß.¹)

Zur Johannis-Meſſe 1795 kam mit ſeiner Truppe nach Stralſund Johann Ferbinand Kübler, der vorher in Schwerin und Roſtock ſpielte.²) Zur Erlangung der Stralſunder Konzeſſion trug nicht wenig das Verſprechen des Direktors bei, „die ſo allgemein beliebte Oper" „Die Zauber-Flöte" aufführen zu wollen. „Die Aufführung dieſer Oper — ſo ſchreibt Kübler — iſt bekanntlich mit ganz ungewöhnlichen Koſten verbunden, die Muſikalien, die vielen Dekorationen und Kleidungsſtücke, die allein für dieſe Oper erfordert werden, veranlaſſen einen Koſten-Aufwand von wenigſtens 800 Rthlr." Aber die Ueberſiedlung Küblers nach Stralſund ſollte nicht ſo glatt von Statten gehen. Er hatte in Roſtock eine beträchtliche Schuld kontrahirt und ſeine Gläubiger wollten von Pfändung oder Schuld-arreſt nur unter der Bedingung abſehen, daß der Reingewinn des Stralſunder Unternehmens an ſie flöſſe. Durch Vermittlung des Roſtocker Magiſtrats wurde daher in Stralſund angeordnet, daß ein Kämmereidiener alle Abende bei der Theaterkaſſe gegenwärtig ſein und dafür ſorgen ſollte, daß die ganze Einnahme in ein verſchloſſenes Käſtchen gebracht werde. Der Kämmereidiener hatte darüber Rechnung abzulegen. Ferner hielt man es für nöthig, durch die „Stralſundiſche Zeitung" bekannt zu machen, daß keine andern Billets, als ſolche, die baar im Komödienhauſe bei dem Kaſſentiſche an den dazu beſtellten Aufſeher bezahlt würden, gelten und alle andern, die etwa von dem Direktor im Hauſe oder von andern Schauſpielern oder ſonſt auf irgend eine Art und Weiſe erhandelt zu werden pflegten, zurückgewieſen werden ſollten.³)

¹) Fenbler ſtarb Ende der neunziger Jahre zu Stralſund.
²) Vollſtändige Mitglieder-Verzeichniſſe der Kübler'ſchen Geſellſchaft enthalten die Reichard'ſchen Theaterkalender für 1794 und 97.
³) Vgl. die Anzeigen in Nr. 72 u. 73 Jahrg. 1795 der „Stralſ. Ztg."

Dieser für den Direktor recht peinlichen Einrichtung verdanken wir die ersten **Kassenrapporte** des Stralsunder Theaters. Die Brutto-Einnahme der ersten elf Vorstellungen betrug 770 Thaler 35½ Schilling [1]), und zwar wurden vereinnahmt am 17. Juni 40 Thlr. 13 ßl., am 18. Juni 31 Thlr. 13 ßl., am 19. Juni 41 Thlr. 38 ßl., am 22. Juni 189 Thlr. 19½ ßl, am 23. Juni 126 Thlr. 37½ ßl., am 24 Juni 33 Thlr. 31 ßl., am 25. Juni 100 Thlr. 17 ßl., am 26. Juni 101 Thlr. 15 ßl., am 30. Juni 59 Thlr. 34½ ßl., am 1. Juli 24 Thlr. 43 ßl., am 2. Juli 21 Thlr. 32 ßl. Die vier höchsten Einnahmen erzielten die Aufführungen der „Zauberflöte". Die Gesammtsumme der Tages-Unkosten belief sich auf 297 Thlr. 43½ ßl.

Interesse hat vielleicht die Aufstellung der Kosten für den 22. Juni — den Tag der ersten „Zauberflöte"-Aufführung. Es werden nämlich verzeichnet:

Für Trahn 1 ßl., Wein 12 ßl., Kuchen 4 ßl. . .	—	Rthlr. 17	ßl.
Für Wein bey der Probe	2	„ 32	„
Pomade 2 ßl., Kork 1 ßl., Weinglas 4 ßl. . .	—	„ 7	„
An der Wache 24 ßl., Accise 1 Rthlr.	1	„ 24	„
Logen Meister 2 Rthlr. 16 ßl.	2	„ 16	„
Rathsdiener 12 ßl., Policeydiener 8 ßl.	—	„ 20	„
Tischler 2 Rthlr. 24 ßl., 20 Pfd. Lichte, 3 Pfd. dito zur Probe	6	„ 40	„
4 Pfd. Talg à 7 ßl., Zettelträger 32 ßl.	1	„ 12	„
Buchdrucker 2 Thlr. 32 ßl., Billets anzunehmen 8 ßl.	2	„ 40	„
1 Arbeitsmann 32 ßl., an den Theatermeister für Auslagen 3 Thlr. 23 ßl.	4	„ 7	„
Arbeitslohn 32 ßl. an den Zimmerman 3 Rth. 35 ßl.	4	„ 19	„
Für Bretter und Latten	5	„ 3	„
An Arbeitsleute bey der Versendung	—	„ 12	„
An den Schneider 1 Thlr. 32 ßl., Auslagen 11 ßl.	1	„ 43	„
Für's Mädchen 16 ßl., für der Musik 11 Thlr. .	11	„ 16	„
Spiritus, Blitzpulfer, Spiritus und Schwam . . .	1	„ 8	„
Summa .	46	Rthlr. 28	ßl.

Das darstellende Personal [2]) bestand aus 20 Künstlern, zwei Damen

---

[1]) Ein Thaler Pomm. Courant = 48 Schilling; ein Thaler Preuß. Courant = 42 Schilling.

[2]) Die Mitglieder der Kübler'schen Gesellschaft waren: Madame Klos und Madame Meyer und die Herren: Stephanie, Helms, Delley,

und 18 Herren. Der wöchentliche Gagen-Etat bezifferte sich auf 94 Rthlr. und zwar erhielt ein Schauspieler 16 Thaler, drei je 7, einer 6, zwei je 5, sieben je 4, einer 3, fünf je 2 Thaler.

Der Erfolg dieser von Rostock her gewünschten Einrichtung hat den Erwartungen der Kübler'schen Gläubiger jedoch nur wenig entsprochen, indem von der Einnahme, nach Abzug der Tages-Kosten, der Gage der Schauspieler, der zur Reise nach Doberan, wohin Kübler vom Herzoge von Mecklenburg-Schwerin berufen wurde, erforderlichen Gelder, so wie einer in Stralsund kontrahirten Schuld zu ihrer Befriedigung nur überhaupt 66 Rthlr. 34 ßl. übrig geblieben sind.[1)]

Fourneau sen., Fourneau jun., Bork, Milano, Schüler, Krampe, Hoffmann, Kühnel, Braun, Schmidt, Fux, Herold, Helfert, Oito und Arendt.

[1)] Um von den in jener Zeit (1795) in Stralsund aufgeführten Pantomimen ein Bild zu geben, mag hier die Inhalts-Angabe zweier folgen, wie sie (Rostocker) Theater-Zettel haben:

Die alte Hexe. Großes komisch-pantomimisches Ballet in zwei Aufzügen.

Act. 1. Das Theater stellt einen Seehaven vor. Die Matrosen sind beschaeftigt aus einem am Strande liegenden Schiffe Kaufmannsgueter zu packen. Ihre Maedchen kommen dazu und indem sie sich mit solche durch tanzen belustigen erscheint die alte Hexe die die Maenner auf einige Augenblicke unbeweglich macht, sie auslacht, durch das Schwingen ihres Zauberstabes den Maedchen Haß gegen die Maenner einfloeßt und sich dann entfernt. Nun wollen die Maenner zu tanzen fortfahren, werden aber von den Maedchen die sich entfernen zurueckgestoßen. Erstaunt ueber das Betragen der Maedchen sehen sie die alte Hexe wieder zurueckkommen. Sie ziehen sich zurueck um die Alte zu belauschen, und indem sie wieder abgehen will, wird sie durch die aufgebrachten Matrosen daran verhindert. Wuethend fahren sie auf die Alte los, um ihr das Leben zu nehmen, als sie sich ploetzlich in ein junges Maedchen verwandelt. Hierauf verspricht sie den Matrosen durch eine Zauberrose die sie aufs Theater wirft, den Maedchen neue Liebe einzuflößen, und geht mit den Matrosen ab. Alsbald kommen die Maedchen finden die Rose und empfinden die Wirkung der Zauberkraft. Die Maenner kehren zurueck und foppen die Maedchen durch ein eben so kaltes Betragen, als solche vorher beobachteten. Die Maedchen wollen sich, verzweifelt darueber, ins Waßer stuerzen, als solches sich in einen transparenten Lustgarten und das Schiff in ein Gartenhaus verwandelt. Die Zauberinn vereinigt sie mit ihre Liebhaber und der Act schließt mit einen Tanz mit Tambourins.

Auch in Stralsund scheint Kübler später in große Noth gerathen zu sein, denn im April 1796 mußte er sein Theater an einen seiner Gläubiger, den Kaufmann **Klünder**, abtreten. Für Rechnung dieses

<hr>

Act. 2. Eine oeffentliche Promenade, wo sich die Matrosen mit Tanz belustigen. Ein englisches Pas de deux. Solo in Holzschuen. Den voelligen Beschluß macht ein englischer Tanz mit vielen Veraenderungen, die, um dem verehrungswuerdigen Publiko das Vergnuegen der Ueberraschung nicht zu rauben, nicht beschrieben werden.

Waubach und Cleone. Pantomimisches Ballet in 3 Akten.

Act. 1. Ein schöner Wald mit Felsen. Gesang der Vögel erfüllt das Theater. Die Fee kommt, erblickt den Waubach von Ferne, und stellt sich, um ihn genauer zu beobachten, schlafend. Waubach erscheint als Jäger, sieht die Fee, wird von ihrem Reiz bezaubert, will sich ihr nähern, als diese plötzlich erwacht, und ihn zur Strafe für seine Frechheit in einen Wilden verwandelt. Waubach, erschrocken über seine Verwandlung, bittet um die Befreyung derselben, allein die Fee übergiebt ihm lachend einen Ring, mit dem Rath, sein Schicksal geduldig zu ertragen und verschwindet in ihre Felsenhöhle. Waubach sieht Cleonen mit anderen Amazonen kommen und verbirgt sich. Cleone sucht ihren Geliebten und glaubt, ihn unter den von Ferne kommenden Jägern zu finden, belauscht solche, wird aber in ihrer Erwartung betrogen und ist untröstlich. Waubach erscheint als Wilder, eilt seiner Geliebten in die Arme, welche, erschrocken über seine Gestalt, entfliehen will. Alle Betheurungen und Bitten des Waubach, daß er es selbst und durch die Fee sey verwandelt worden, vermögen nicht, sie zu bewegen, ihm zu folgen, bis sie endlich mit Gewalt von ihm nach dem Felsen geführet wird, welcher sich sogleich in ein transparentes Schlos verwandelt.

Act. 2. Zimmer im Feen-Schlosse. Cleone beweint ihr grausames Schicksal. Waubach kommt, sucht sie durch Bitten, durch Tanzen, durch Spielen auf dem Clarinett zu bewegen, allein vergebens. Er fragt: ob sie einen schönen Garten zu sehen wünsche; sie bejaht es. Das Theater verwandelt sich in selbigen. Jünglinge und Mädchen erscheinen und tanzen verschiedene Tänze mit Guirlanden und großen Garten-Bögen.

Act 3. Zimmer. Waubach sucht noch immer seine Cleone zu trösten und versichert, daß die Zeit seiner Verwandlung bald zu Ende. Nur diese Gewisheit kann sie beruhigen; jedoch bittet sie: dieses sogleich zu bewerkstelligen. Er giebt ein Zeichen; Waubach verwandelt sich wieder als Jäger, das Theater in eine prächtige transparente Decoration. Die Fee steht im Hintergrunde auf einer Terrasse mit Jäger und Jägerinnen umgeben, vereinigt die beyden Geliebten, und Tänze mit vielen schönen Veränderungen machen den Beschlus.

Stralsunder Kaufmanns setzte Kübler sein Geschäft fort und besuchte im Herbst 1796 aufs Neue Rostock und folgte dann einem Rufe an das Strelitzer Hoflager. Die Kübler'sche bezw. Klünder'sche Gesellschaft machte in Rostock entsetzlich schlechte Geschäfte, denn während ihres zweimonatlichen Aufenthalts daselbst wurden nach der Berechnung des Klünder'schen Cassirers 524 Thlr. 7 ßl. zugesetzt.[1]) Daß der schuldbeladene Direktor sich noch einmal aus seiner schlimmen Lage befreit hat, ist nach dem plötzlichen Ende, welches die Gesellschaft das Jahr darauf fand, nicht wahrscheinlich.

Kübler spielte in Stralsund in den Monaten August und Dezember 1795 und in den Jahren 1796[2]) (Januar und Februar) und 1797 (Februar bis Ende Mai) und gab folgende bemerkenswerthe Novitäten:

1795. 22. Dez. „Abällino, der große Bandit." Trauerspiel v. Zschokke.
28. Dez. „Der Baum der Diana." Oper v. Martin y Solar.
1796 4. Januar. „Die Heirath durch ein Wochenblatt." Posse v. Schröder.
1797. 13. Februar. „Dienstpflicht." Schauspiel von Iffland.
14. Februar. „Im Trüben ist gut fischen." Komische Oper aus dem Italienischen von Sarti.
19. Februar. „Die Advokaten." Schauspiel von Iffland.
26. Februar. „Das Vermächtniß." Schauspiel von Iffland.
28. Februar. „Der Mann von vierzig Jahren." Lustspiel v. Kotzebue.
7. März. „Die Entführung aus dem Serail." Oper v. Mozart.
27. April. „Oberon, König der Elfen." Romantisches Singspiel von Paolo Wranitzky.
8. Mai. „Die Nebenbuhler." Lustspiel von Schröder.

Eine wichtige Neuerung erstrebte Kübler im März 1796. Er bittet nämlich den Rath, ihm auf eine Reihe von Jahren die ausschließliche Schauspiel-Konzession für Stralsund bewilligen zu wollen. Er sei bereits in Rostock, Güstrow und Dobberan konzessionirt und sei zwar überzeugt, daß er auch in Stralsund die Konzession erhalten werde, wenn er von Zeit zu Zeit anfrage. Aber er hege die Be-

---

[1]) Vgl. Ebert's Rostocker Theater-Geschichte; die Stralsunder Theater-Akten enthalten über das Klünder'sche Unternehmen nichts.

[2]) Für die Johannismesse 1796 erhielten die Balletmeister Simoni und Milanow, welche sich schon geraume Zeit in Stralsund aufgehalten und Tanz-Unterricht ertheilt hatten, die Konzession; sie haben aber von derselben keinen Gebrauch gemacht.

sorgniß, daß bei der großen Menge von Schauspielern, welche der Krieg in die nördlichen Gegenden von Deutschland getrieben habe, ihm leicht eine Gesellschaft zuvorkommen und seine Pläne durchkreuzen könne. Denn, so fährt er fort: „Die Erfahrung hat mich belehret, und das Beyspiel aller in Stralsund bisher gewesener Directeurs hat es bestättigt, daß Stralsund so wenig als Rostock eine Gesellschaft zu ernähren im Stande sey, wohingegen beyde Orte vereinigt mit Güstro und Dobberan gewiß hinreichen werden, eine kleine Gesellschaft von 16 Personen, als so stark meine Gesellschaft künftig seyn wird, zu erhalten, zumahl wenn Sparsamkeit dabey beobachtet wird." Der Rath fand es jedoch bedenklich, sich mit einer Schauspieler=Gesellschaft auf eine gewisse und lange Zeit im Voraus zu engagiren und lehnte daher das Gesuch ab.

Mit einer anderen für das Stralsunder Theaterwesen einschneidenden Neuerung hatte ein Jahr später Kübler mehr Glück. Bisher mußten im ganzen Königreiche Schweden, auch in Stockholm, stets am Sonntage alle Theater geschlossen bleiben. Man hielt die sonntägliche Eröffnung der Bühne für nicht vereinbar mit der Feier und Heiligung des dem öffentlichen Gottesdienste gewidmeten Tages und stützte sich zur Begründung dieser Ansicht auf verschiedene Landes= und Stadt=Verordnungen, insbesondere auf das unterm 12. Februar 1723 erneuerte Patent, welches mit Ausnahme stiller und häuslicher Vergnügungen alle üppigen Lustbarkeiten, welche Vorbereitung und Aufwand erforderten und zu Volks-Versammlungen Anlaß geben konnten, strenge verbot. Ungeachtet dieser Erlasse gestattete die Königliche Regierung dem Direkter Kübler auf dessen Bitte die Veranstaltungen von Aufführungen am Sonntage und theilte die gegebene Erlaubniß gleichzeitig dem Magistrate durch folgendes vom 15. Februar 1797 datirtes Schreiben mit:

„Wann von dem Directeur der sich jetzt hier aufhaltenden Schauspielergesellschaft Kübler gebethen worden, daß ihm möge erlaubt werden, auch an den Sonntagen zur gewöhnlichen Schauspielszeit theatralische Vorstellungen geben zu dürfen und dann in Hinsicht dessen, daß dieser Tag insbesondere auch zur Erholung der Menschen bestimmt ist, so wie auch in Rücksicht dessen, daß die Besuchung guter Schauspiele die Sitten verbeßert, auch die Gelegenheit zur Hinderung sonstiger oft kostbahreren und schädlichen Zusammenkünfte des Mittel= und gemeinen Mannes in den Wirths= häusern und Krügen vorbeut, welche er doch gewöhnlich sonst in diesen Tagen besucht, mithin zu erwarten stehet daß die Erlaubniß zu theatralischen Vorstellungen an den Sonntagen, als welche zu= dem aus gleichen Ursachen in den angesehensten Städten Deutschlandes nachgegeben ist, auch hierselbst den gewünschten guten Erfolg haben werden, dem Supplicantischen Antrag dieserhalb auch geruhet worden; so haben Wir Denenselben solches hiermit bekannt machen wollen. Göttl. Obhuth empfohlen."

Gegen diese gemeingefährliche Neuerung glaubte der Rath Protest erheben zu müssen. „Die jetzige Verstattung der Sonntags=Schau= spiele — so heißt es u. a. in der sehr ausführlichen Eingabe an die Regierung — tritt zu einer Zeit ein, wo fast überall, Freidenkerei und Gleichgültigkeit gegen die Religion überhaupt sich nur zu auf= fallend, mehr oder weniger bemerkbar machen, und in welcher wenigstens auch bei uns die immer mehr Ueberhand nehmende Vernachläßigung der äußeren GottesVerehrung nicht zu verkennen ist. Darf man es unter solchen Umständen dem bei weiten größeren Hauffen, welcher gleichwohl bei allen auf seine Denkungsart Einfluß habenden Ver= änderungen die meiste Rücksicht zu verdienen scheint, wohl zutrauen, daß er die Verstattung theatralischer Vorstellungen auch am Sonntage und die dabei eingetretenen Gründe gehörig würdigen werde? Sollte nicht vielmehr im Gegentheil zu fürchten seyn, daß derjenige Theil, dem noch die ernste Feier des Sonntags, nach den von Jugend auf damit verknüpften Begriffen, am Herzen liegt, das an demselben freigegebene öffentliche Schauspiel als eine Entweihung, — der andere, besorglich nicht sowohl aufgeklährtere sondern nur leichtsinnigere Theil aber die Gestattung desselben, als eine Bestättigung seiner, wie er glaubt, von Vorurtheil=freieren Meinung über diesen Gegenstand betrachten werde? Wir können uns des Geständnisses nicht erwehren, daß uns diese Besorgniß ungleich gegründeter als jene Erwartung erscheine: und wäre dies würklich der Fall, so würde die ertheilte Konzession anstatt das intendirte Gute zu bewürken, nur noch zur Vermehrung des schon vorhin erwähnten Leichtsinns und der Gleichgültigkeit in Ansehung der Religion beitragen." Für eine Stadt von der Größe Stralsunds seien wöchentlich 5 Vorstellungen sowohl für den Bestand der Gesellschaft als für das Publikum durchaus genügend. Auch seien die arbeitenden Klassen und insbesondere die Gewerksbürgerschaft nicht so sehr mit Arbeiten überhäuft, daß nicht diejenigen, denen das Schauspiel Vergnügen gewährt, sich auch an den Wochentagen dazu einige Abende abmüssigen könnten. Der Rath ersuchte daher die Regierung, keine weiteren sonntäglichen Vorstellungen zu gestatten und es überhaupt bei der bisherigen Gewohnheit zu belassen.

Die Regierung fand jedoch keine Veranlassung, die mit gutem Vorbedacht ertheilte Konzession wieder aufzuheben und der Rath beruhigte sich alsdann bei diesem Bescheide, „da keine Aussicht vorhanden sei, daß durch eine Appelation beim Tribunal in Wismar eine Aenderung dieses Erlasses herbeizuführen." So hat denn in Stralsund am 19. Febr. 1797 die erste Theater-Vorstellung an einem Sonntage stattgefunden; und zwar wurde das Iffland'sche Schauspiel „Die Advokaten" gegeben. Seitdem ist der Sonntag als Aufführungstag beibehalten worden und hat sich als solcher stets großer Beliebtheit zu erfreuen gehabt.

Im Sommer 1797 löste sich die Kübler'sche Schauspieler-Gesellschaft auf. Kübler selbst ging als Balletmeister nach Warschau.

Nach Küblers Weggang blieb das Theater fünfviertel Jahre unbenutzt stehen.[1]) Es spielte dann im September 1798 eine deutsche Truppe, deren Leiter nicht bekannt ist, und im Mai 1799 eine Königlich Preuß. privileg. Schauspieler-Gesellschaft unter einem Direktor Gautier. Bevor die letztgenannte Gesellschaft einzog, fand eine eingehende polizeiliche Untersuchung des baulichen Zustandes des Komödienhauses statt. Hierbei ergab sich hauptsächlich, daß die Balken, des unter dem Flur und dem Erfrischungszimmer liegenden Kellers vom Schwamm stark zerfressen waren, so daß bei großem Menschenandrang ein Einsturz zu befürchten war. Der Stadtzimmermeister Erasmus schlug außer anderen Verbesserungen vor,

---

[1]) Theater-Aufführungen, welche der Musikdirektor G. Berwald für den Winter 1797/98 plante, kamen nicht zu Stande.

Der bauliche Zustand des Schauspielhauses; Direktor Döbbelin. 75

an die Stelle des Fensters zum Erfrischungszimmer eine Thüre zu setzen, damit durch diesen zweiten Ausgang das Haus sich schneller leeren könne und die Kellerdecke daher nicht so stark belastet würde. Aber bei dem eigenthümlichen Besitzverhältnisse des Hauses — es gehörte dem Namen nach noch immer den Freimaurern, obwohl sich die Loge schon seit langer Zeit aufgelöst hatte, — wurde diese durchgreifende Verbesserung nicht ausgeführt, sondern man beschränkte sich darauf, verschiedene Stützen im Keller anzubringen und den Fußboden nothdürftig auszuflicken. Zwei Jahre später war abermals eine Reparatur nothwendig, die dieses Mal hauptsächlich das Dachgebälk betraf. Seitdem wurden fast jedes Mal bevor eine neue Gesellschaft auftrat, Untersuchungen in Betreff der Sicherheit des Hauses von der Polizei angeordnet.

Von Anfang Dezember 1799 bis Ende Januar 1800 leitete Karl Döbbelin[1]) das Theater und gab u. a. am

1799. 14. Dezember. „Don Juan." Oper von Mozart.
     23. Dezember. „Das Schreibepult" Lustspiel von Kotzebue.
     26. Dez. „Der Aufruhr der Jesuiten." Trauerspiel v. Jscholle.
     30. Dezember. „Der Teufel ist los." Komische Oper von Hiller.
1800. 12. Januar. „Abällino der Zweite." Lustspiel von Kotzebue.
     21. Januar. „Der Lorbeerkranz." Schauspiel von Friedrich Wilhelm Ziegler.

Döbbelin brachte auch die bis dahin immer noch verbotenen Schiller'schen „Räuber" zum ersten Male auf die Stralsunder Bühne. Auf seine Bitte gab Anfang Dezember 1799 der Vize-General-Gouverneur Baron Cederström[2]) die Aufführung der „Räuber" frei. Als der Rath hiervon Kunde erhielt, ordnete er den Syndikus Fabricius[3]) ab, um mit dem Gouvernements-Sekretaire Thomas[4]) in dieser Angelegenheit zu konferiren und wenn irgend möglich, eine Zurück-

---

[1]) Karl Konrad Kasimir Döbbelin, Sohn des 1770 in Stralsund spielenden Direktors Döbbelin, geb. am 21. April 1763 zu Cassel, von Jugend auf bei der Bühne, gestorben 1822. — Die „Gallerie von Teutschen Schauspielern und Schauspielerinnen" nennt ihn einen „würdigen Nachkömmling seines großen Ahnherrn Neibehand".
[2]) Bror Baron Cederström, Vize-General-Gouverneur 1799—1800.
[3]) Adam Fabricius zu Rath erwählt 1790, Consyndikus 1794.
[4]) Vergl. Seite 45, Anmerkungen 1 und 2.

nahme der Erlaubniß zu bewirken. Da aber Thomas meinte, alle Anträge, von der Aufführung der „Räuber" abzustehen, würden bei dem Vize-General-Gouverneur gänzlich vergebens sein, so beschloß der Rath, mit dem Baron Cederström direkt gar nicht mehr zu verhandeln, sondern die Aufführung des Stückes nur geschehen zu lassen, da, wenn solche von üblen Folgen sein sollte, der Rath hinlänglich entschuldigt wäre. So fand denn am Sonntag, den 15. Dezember 1799, mit „Abbonnement Suspendu" die erste Aufführung der Schiller'schen „Räuber" statt, ohne daß sich die Befürchtungen des Raths als begründet erwiesen hätten. Von irgend welchen durch das Stück hervorgerufenen Exzessen wird nichts berichtet; auch wurde das Verbot der Aufführung nicht wieder erneuert.

Im Februar 1800 gab die aus achtzehn italienischen Tänzern und Tänzerinnen bestehende Gesellschaft des Pasquale Caforti Vorstellungen im Stralsunder Komödienhause. Statt des sonst gewöhnlich für die Armen gegebenen Schauspiels, mußte sie für jede Vorstellung 24 Schillinge an die Armenkasse entrichten.

Im Herbst des Jahres 1800 traf die Gesellschaft C. Holms und Fr. Hansings aus Hannover in Stralsund ein. Beide leiteten das Theater gemeinsam, bis im Februar 1801 in Folge eines Zwistes Holm ausschied und Hansing allein die Direktion behielt. Diese Truppe spielte vom November 1800 bis Anfang März 1801 in Stralsund und gab von bemerkenswerthen Novitäten am
1800. 23. November. „Hamlet." Trauerspiel von Shakespeare.
5. Dezember. „Der Tag der Erlösung." Schauspiel von Ziegler.
1801. 20. Februar. „Der Zauberspiegel." Oper von Gretry.
1. März. „Der Graf von Burgund." Schauspiel von Kotzebue.

Hansing ging, ebenso wie Döbbelin das Jahr vorher, mit seiner Truppe nach Greifswald. Eine ihm zum Herbst für Stralsund ertheilte Konzession wurde wieder zurückgezogen wegen eines peinlichen Vorfalls, der sich bei Aufführung des letzten Schauspiels ereignet hatte. In dieser unliebsamen Angelegenheit war auch eine Anzahl Offiziere verwickelt. Etwas Näheres weiß man aber über diese Sache nicht.

Durch Vermittelung des Oberkammerherrn Geh. Rathes Ludwig v. Dorne in Schwerin kam im Herbst 1801 ein längeres Gastspiel der

Herzoglich Mecklenburg-Schwerin'schen Hof-Schauspieler-Gesellschaft in Stralsund zu Stande. Diese Truppe war von dem Herzoge Friedrich Franz I., aus dessen Privatschatulle bei unzureichenden Einnahmen auch Zuschüsse erfolgten, organisirt und dem Theater-Direktor Krickeberg anvertraut worden. Ferner hatte der Herzog mit den Städten Rostock und Güstrow einen mehrjährigen Kontrakt abgeschlossen, nach welchem keine andere Gesellschaft, als die Schwerinsche dorthin kommen und Schauspiele aufführen durfte.[1]) Da nun die Hofschauspieler auch die alleinige Theater-Konzession in den beiden Residenzen Schwerin und Doberan besaßen, so war es einer anderen guten Truppe außerordentlich erschwert, nach Schwedisch-Pommern zu kommen; denn für sich allein konnte ja der Landestheil, wie wir gesehen haben, keine größere Gesellschaft unterhalten, und Mecklenburg war durch die Hofschauspieler so gut wie verschlossen. Um so willkommener mußte daher den Stralsundern das Anerbieten Dornes sein, die Schwerinsche Truppe in den freien Monaten nach Stralsund zu entsenden, und bereitwillig wurde die Konzession ertheilt.

Diese Gesellschaft spielte in Stralsund in den Jahren 1801 (vom 6. Sept. bis Mitte November), 1802 (1. September bis 3. November),

---

[1]) Mit Krickeberg war ein Kontrakt abgeschlossen worden, dem zufolge während dreier Jahre, vom 1. Januar 1801 bis 1. Januar 1804, Krickeberg als Hofschauspieldirektor vom 1. Januar bis Ende März in Schwerin, vom 1. Juli bis Ende August in Doberan und die übrige Zeit in Rostock, Güstrow und an anderen Orten Vorstellungen geben sollte. Zur ersten Einrichtung erhielt Krickeberg 500 Rthlr.; der jährliche Zuschuß des Hofes betrug 2600 Rthlr., nämlich 200 Rthlr. in Doberan und 2400 Rthlr. in Quartalraten. Zugleich ward ihm Befreiung von allen Abgaben, der Ertrag aus den in der Karnevalszeit zu gebenden Redouten, sowie aus der Verpachtung der Erfrischungsanstalten beim Theater überlassen, auch die Feuerung zu den Garderoben unentgeltlich zugesagt. Im Uebrigen führte Krickeberg das ganze Theater-Unternehmen auf seine Rechnung, weshalb natürlich auch die Wahl und Entlassung seiner Mitglieder allein seiner eigenen Einsicht überlassen blieb. Die Intendantur behielt sich nur in Schwerin und Doberan, sobald der Hof gegenwärtig sei, die Auswahl der Vorstellungen vor. (Vergl. Bärensprung, Geschichte des Theaters in Mecklenburg-Schwerin.)

1803¹) (4. September bis Ende Oktober) und 1804 (September bis November). In dem letztgenannten Jahre kam die Krickebergsche Truppe von Doberan nach Stralsund. Sie wollte dort nur kurze Zeit verweilen und dann, dem gegebenen Versprechen gemäß, nach Rostock übersiedeln. Aber die Anwesenheit des Königs und der Königin von Schweden in Stralsund veranlaßte eine Verlängerung ihrer dortigen Spielzeit. Auch richtete der General-Gouverneur von Schwedisch-Pommern ein Schreiben an den Magistrat zu Rostock und ersuchte ihn, diese Abwesenheit Krickeberg nicht entgelten zu lassen. — **Spieltage** waren anfangs Sonntag, Montag, Mittwoch und Freitag; später fanden an allen Tagen mit Ausnahme des Sonnabends Aufführungen statt. Für die **Vorstellungen am Sonntage** bedurfte es wiederum eigener Erlasse der Königlichen Regierung, welche denjenigen, der diese Aufführungen zu hindern versuchen sollte, mit einer Strafe von fünf Reichsthalern bedrohte. Die Herzogliche Truppe, deren Hauptstützen der Direktor **Krickeberg** selbst und dessen Frau, ferner Herr und Frau **Demmer**, Frau **Müller** und Herr **Arresto** waren, rechtfertigte den ihr vorangegangenen guten Ruf in jeder Beziehung und fand daher beim Publikum viel Beifall. Von Novitäten wurden gegeben am:

1801. 6. September. „Lohn der Wahrheit." Schauspiel von Kotzebue.
      7. Oktober. „Das Donauweibchen." Oper von Kauer.
1802. 1. September. „Selbstbeherrschung." Schauspiel von Iffland.
      7. Oktober. „Die Kreuzfahrer." Schauspiel von Kotzebue.
      29. Oktober. „Maria Stuart." Trauerspiel von Schiller.
      1. November. „Die Korsen." Schauspiel von Kotzebue.
1803. 4. September. „Die Familie Lonau." Lustspiel von Iffland.
      7. September. „Das Kamäleon." Lustspiel von Heinrich Beck.
      9. September. „Octavia." Trauerspiel von Kotzebue.
      18. Oktober. „Hugo Grotius." Schauspiel von Kotzebue.
      20. Oktober. „Hypolit und Roswida." Schauspiel von Zschokke.

Während der Johannismesse 1804 gab eine unbedeutende Truppe der Direktoren **Scheerer** und **Rogmann**, welche vorher in Barth spielten, einige Vorstellungen im Stralsunder Komödien-

---

¹) Am 13. und 17. April 1803 wurde im Schauspielhause zum Besten der Armen von einer Liebhaber-Gesellschaft aufgeführt: „Das Kind der Liebe." Schauspiel, 5 Akte, von Kotzebue.

hause. Alsdann vergingen mehr als sechs Jahre, bevor in dieses wieder eine Schauspieler-Gesellschaft ihren Einzug hielt. Die kriegerischen Ereignisse, welche sich in dieser Zeit in Stralsund abspielten, und die französische Occupation verscheuchten die Komödianten und ließen keine rechte Lust an theatralischen Veranstaltungen aufkommen.

In den Jahren 1805, 1806 und 1807 fanden überhaupt keine Aufführungen statt. Im Dezember des Jahres 1808 traf die Gesellschaft des Direktors Julius Berg in Stralsund ein, welche aber nicht im Komödienhause, sondern in dem Saale des Hôtel de Societé¹) — Lit. D.²) Nr. 146, heute Schillstraße 36 — bei einem Herrn Müller spielte. Von dem Repertoire dieser Truppe, welche fast täglich zwei Vorstellungen, die erste um ½ 4 Uhr, die zweite um 7 Uhr, gab, ist nur die Oper „Ariadne auf Naxos" von Georg Benda erwähnenswerth; im Uebrigen beschränkte man sich auf alte wohlbekannte Kotzebue'sche und Hagemann'sche Stücke.

Am 5. März 1809 führte im Schauspielhause eine Liebhaber-Gesellschaft vom 3. Linien-Regiment auf „Le Mariage forcé," Comédie en un acte par Molière; „Les Fureurs de l'amour," Tragédie burlesque; und „Le Cadet Roussel homme de lettre," Comédie en un acte et en prose. — Im September und sodann nochmals im Dezember desselben Jahres folgten Concerte des vormalig Königl. Württembergischen Hof- und Theater-Sänger Apel. Dann hatte im Schauspielhause während des Februar und März 1810 die Kunstbereiter- und Springer-Gesellschaft des Johann Lenz ihr Quartier aufgeschlagen. Auch militärischen Zwecken dürfte in diesen Zeiten das Komödienhaus gedient haben.

Denn verwüstet und ruinenhaft genug sah es aus, als man im Oktober 1810³) endlich wieder an theatralische Genüsse denken

---

¹) Das gegenüber dem St. Annen- und Brigitten-Kloster belegene Hôtel de Societé war ein durch die französische Okkupation geschaffenes Vereinigungslokal der besseren Gesellschaft.

²) Vgl. Seite 29, Anmerkung 1.

³) Die der Wittwe Maaß aus Neu-Strelitz im Oktober 1810 ertheilte Schauspiel-Konzession konnte von dieser wegen Baufälligkeit des Stralsunder Komödienhauses nicht verwendet werden.

mochte. Der schon mehrfach ausgebesserte Balken-Keller an der Mönchstraße war nunmehr ganz eingestürzt und die Brandmauer des Erfrischungszimmers nebst Schornstein bedrohte binnen Kurzem das gleiche Schicksal. Die an der Straße belegene Fallluke des Keller war vollständig vergangen. Die Bretter-Bekleidung des Parterres war auf jeder Seite 9 Ellen lang und 3 Ellen hoch abgerissen; Thüren zum Orchester und zu den Logen fehlten; an den Treppen waren Balken verfault und wurden nur noch durch die Nagelung festgehalten. Das Dach war schadhaft und gestattete ungehindert Regen und Wind den Zutritt in das Innere des Gebäudes. Letzteres sprach selbst geringen Anforderungen an Schönheit und Behaglichkeit Hohn. Doch diesen Rechnung zu tragen, gab man sich keine Mühe; man beseitigte nur die schlimmsten Uebelstände, ohne deren Entfernung die Benutzung des Hauses einfach unmöglich war, oder welche gar das Leben der Besucher gefährden konnten. Der Keller ward mit Schutt ausgefüllt, ebenso wie der Eingang in denselben von der Straße aus und darüber wurde gepflastert. Die mit Einsturz drohende Brandmauer sowie der Schornstein wurden durch andere ersetzt und Treppe, Dach und Einfriedigung des Parterre wurden nothdürftig wiederhergestellt. Eine wesentliche Verbesserung war nur die Einrichtung eines zweiten Ausganges vom Erfrischungszimmer auf die Straße.

Ende November waren diese Reparaturen beendet, und am 17. Februar 1811 konnte der Schauspieldirektor Ferdinand Kriesen mit einem von seiner Frau gesprochenen Prologe die Bühne wieder eröffnen. Nach der Jahre langen Unterbrechung, welche die theatralischen Veranstaltungen in Stralsund erfahren hatten, fand er beim Publikum sehr regen Zuspruch. Trotzdem glaubte er über schlechte Einnahmen klagen zu müssen und beantragte daher beim Rath die auf einen Reichsthaler für jede Vorstellung festgesetzte Abgabe an die Armenkasse zu ermäßigen, da seine Vorgänger weniger als er gezahlt hätten und manche sogar zur Einrichtung des Theaters eine Unterstützung an baarem Gelde von der Stadt genossen hätten. Sein Antrag wurde aber abgelehnt. Das Repertoire bot nichts Neues oder Bemerkenswerthes. Als Gäste traten unter Kriesens

Direktion Herr und Frau Deny vom Stettiner Theater an einem Abende auf. Kriesen beendete die Vorstellungen in Stralsund mit einem Epiloge am 7. Juni und ging darauf mit seiner Truppe nach Bergen a. R., wo er im Gebäude des Stellmachers Stahnke am Markt spielte. Die zum Winter für Stralsund erbetene Konzession erhielt er nicht, da über sein und seiner Gesellschaft Benehmen mancherlei Klagen eingelaufen waren.

Für den Herbst 1811 hatte der Schauspieldirektor **Wilhelm Meißelbach** die Konzession erhalten. Da aber dieser auf Wunsch des französischen Gouvernements in Stettin seine Vorstellungen fortsetzte, trat an seine Stelle in Stralsund sein Schwager **Wilhelm Breede**[1]) aus Rostock. Der neue Direktor, der ein sehr unliebenswürdiger und schroffer Mann gewesen zu sein scheint, weigerte sich unter dem Vorwande, er habe die Konzession von der Königlichen Regierung erhalten, gleich zu Anfang auf das Hartnäckigste, die Abgaben an die Armenkasse und die sonstigen Gebühren zu entrichten. Erst als der Magistrat ihm bedeuten ließ, man würde ihm, im Falle er auf seiner Weigerung beharre, ohne Weiteres das Komödienhaus schließen, bequemte er sich zu einer demüthigen Bitte. „Die meisten meiner Vorgänger — schreibt er — die hier dramatische Vorstellungen gaben, sind durch die zu großen Abgaben, theils an baarem Gelde, theils an Freibillets gewöhnlich bankerot geworden, und haben als Bettler diesen Ort verlassen müssen. Da ich nun schon mehrere[2]) Jahre hindurch eine gut organisirte Schauspielergesellschaft geführt und jeden Ort als redlicher Mann verlassen habe, so wünschte auch hier meinen ehrlichen Namen und mein Vermögen nicht zu verlieren." Seine Bitte ging also dahin, ihm die Abgaben an die Armenkasse von 1 Reichsthaler pro Tag auf 1 Reichsthaler pro Woche herabzusetzen, ihn von aller Accise und sonstigen Gebühren gänzlich zu befreien und die üblichen Freibillets zu erlassen. Die letzteren erhielten damals eine Anzahl Magistrats-Personen, deren Recht dazu

---

[1]) Breede beabsichtigte nach Lübeck überzusiedeln und hatte schon zum 20. Oktober 1811 seine erste Vorstellung angekündigt; aber er machte diese Verpflichtung rückgängig und gab Stralsund den Vorzug.

[2]) Breede hat seine Gesellschaft im Jahre 1807 gegründet.

wahrscheinlich auf einer alten Observanz beruhte, sowie Angestellte der Königlichen Accise und Konsumtion. Der Bitte Breedes wurde nur in so weit stattgegeben, als man die Ermäßigung der Abgaben an die Armen bewilligte und die Freibillets etwas einschränkte. Ein Stralsunder Theater-Direktor damaliger Zeit hatte folgende **ordnungsmäßige Gebühren** an die städtischen Behörden zu erlegen:

    a) an den worthabenden Herrn Bürgermeister monatlich einen Species Dukaten,

    b) an die Armenkasse wöchentlich einen Reichsthaler,

    c) an den Rathsdiener von jeder Vorstellung 12 ßl.,

    d) an den ersten Polizeidiener ebenfalls von jeder Vorstellung 12 ßl.,

    e) einen anderen Polizeidiener, welcher die Wache auf der Gallerie hat, von jeder Vorstellung 8 ßl.,

    f) zwei Leute bei der Spritze von jeder Vorstellung à 4 ßl. zus. 8 ßl.

Breede spielte in Stralsund in den Jahren 1811 (November und Dezember) 1812 (Januar und Februar; Ende September bis Ende Dezember) 1813[1]) (Ende September bis Dezember) und 1814 (Januar bis Anfang April) und gab folgende Novitäten:

1811. 8. November. „Das Geheimniß." Komische Oper von Mehul.
1812. 20. Januar. „Wallensteins Lager" von Schiller.
      22. Januar. „Fanchon, das Leyermädchen." Oper von Himmel.
      10. Februar. „Don Carlos." Trauerspiel von Schiller.
      25. September. „Caesario." Lustspiel v. Pius Alexander Wolff.
1813. 30. September. „Joseph in Aegypten." Oper von Mehul.
      11. Oktober. „Die Entführung aus dem Serail." Oper v. Mozart.
      8. Dezember. „Jungfrau von Orleans." Schauspiel von Schiller.
      21. Dezember. „Das unterbrochene Opferfest." Oper v. Winter.
      30. Dezember. „Wilhelm Tell." Schauspiel von Schiller.
1814. 14. Januar. „Die Piccolomini." Schauspiel von Schiller.
      23. Febr. „Der Barbier von Sevilla." Komische Oper v. Paisiello.
      25. Febr. „Die Weihe der Kraft" oder „Doctor Martin Luther." Ritterschauspiel von Werner, mit Musik von Weber.
      16. März. „Clementine." Schauspiel v. Johanna v. Weißenthurn.
      18. März. „Richard Löwenherz." Oper von Gretry.
      20. März. „Die kluge Frau im Walde." Schauspiel v. Kotzebue.
      21. März. „Die beschämte Eifersucht." Lustspiel von Johanna von Weißenthurn.

---

[1]) Vom 1. April bis zum 19. Mai 1813 spielte Breede in Lübeck.

Es gastirten unter Breede in Stralsund der Charakterspieler Julius[1]) von der Breslauer Bühne und der Heldenspieler Moller aus Rostock. Mit der Vorstellung des Aresto'schen Schauspiels „Die Befreiung Moskaus" und einem Epilog schied Breede am 3. April für länger als drei Jahre von der Stralsunder Bühne und ging mit seiner Truppe nach Greifswald. Vor seiner Uebersiedlung dorthin führte er noch am Charfreitage das Graun'sche Oratorium „Der Tod Jesu" im Saale der Brauerkompagnie auf. Die Aufführung dieses Musikwerkes im Schauspielhause, wie es ursprünglich geplant war, wurde obrigkeitlicherseits verboten, da der Ort hierzu nicht zweckmäßig sei.

Am Montag, den 1. November 1813, war das Stralsunder Komödienhaus ein Schauplatz des Schreckens und Entsetzens. Man gab an dem Tage die zweiaktige komische Oper „Schneider Kakadu" oder „Die Schwestern von Prag", in welchem Stücke der Stand der Schneider verhöhnt und lächerlich gemacht wird. Einige Schneidergesellen, welche sich auf der obersten Gallerie befanden, glaubten sich für die ihrem Gewerbe angethane Verunglimpfung rächen zu müssen, zertrümmerten während der Aufführung, in der Absicht, diese zu stören, eine der langen hölzernen Sitzbänke und riefen alsdann mit lauter Stimme ins Parterre hinab: „Es bricht, es bricht!" Der vielleicht auch etwas durch die Unbeliebtheit des Direktors beeinflußte Plan der Ruhestörer gelang nur zu gut. Der Ruf „Es bricht, es bricht" pflanzte sich schnell weiter. Man hatte im Publikum schon hin und wieder das Gerücht von der Unsicherheit der Gallerien besprochen und glaubte nun nichts Anderes, als daß eine derselben wirklich mit Einsturz drohe. So suchten denn die zahlreich erschienenen Zuschauer — das Theater war anläßlich der Erstaufführung gerade sehr gut besucht — in möglichster Hast und Eile die Ausgänge zu gewinnen, um ihr, wie sie glaubten, bedrohtes Leben zu retten. In den engen Korridoren ballten sich die Menschenmassen bald derartig zusammen, daß weder

---

[1]) Reinhold Friedrich Julius (v. Kleist), geboren 1776, engagirt 1794 in Breslau, 1817—33 in Dresden, gestorben ebendaselbst 1860. (Vergl. Flüggen, Bühnen-Lexikon.) — In Stralsund gastirte Julius 1812, 1823 und 1827.

vorwärts noch rückwärts zu kommen war. Die an einigen Stellen durch Herabreißen von Lampen und Lichtern entstandene völlige Finsterniß trug nicht wenig zur Steigerung der Angst bei. Beruhigende Versicherungen von der Bühne aus und Zurufe einiger besonnener Zuschauer verhallten ungehört. So entstand denn eine unbeschreibliche Unordnung und Verwirrung und es vergingen angstvolle Viertelstunden, ehe man das kopflose Publikum aus dem Theater entfernen konnte. Fast als ein Wunder muß es betrachtet werden, daß diese grenzenlose Panik ohne schwere Unglücksfälle verlaufen ist.

Die sachmännische Untersuchung des Komödienhauses, welche Tags darauf auf Anordnung der Polizei-Direktion stattfand und sich auf alle Theile des Gebäudes erstreckte, zeigte, wie vollständig unbegründet die Besorgniß des Publikums gewesen war: das Haus wurde als in gutem baulichen Zustande befindlich und die Gallerie als sicher und haltbar befunden. Hiervon wurde das Publikum durch Anzeigen in der Zeitung [1]) in Kenntniß gesetzt; doch wurde auch der Theaterdirektor angewiesen, für nicht zu starke Belastung der Gallerie Sorge zu tragen. Die Vorstellungen konnten

---

[1]) Die Anzeige in Nr. 132 Jahrgang 1813 der „Stralsundischen Zeitung" lautete:

Die am vorgestrigen Abend unter den Zuschauern im Schauspielhause sich geäusserte Besorgniß wegen Unsicherheit der Gallerie und dabey durch uebereiltes Fluechten entstandene Unordnung, hat gestern eine ausserordentliche Untersuchung des Schauspielhauses veranlaßt, und ist aus dem eingegangenen Gutachten der dabey zugezogenen sachkundigen Personen hervorgegangen, daß ueberall keine Besorgnisse wegen Unsicherheit, so wenig in Betreff des Hauses selbst, als der Gallerie oder sonst vorgefunden worden. Indem es die Polizey für Pflicht haelt, solches zur Beruhigung des Publikums oeffentlich bekannt zu machen, erwartet sie auch von den Zuschauern des Schauspiels, daß sie sich kuenftig nicht wieder durch uebereilte Furcht irre leiten, und durch Draengen nach den Ausgaengen, Unordnung veranlassen werden, die bey ruhiger Ansicht keineswegs zweckdienlich, sondern vielmehr fuer ihre persoenliche Sicherheit nur nachtheilig und für den Veranlasser strafbar erscheinen muß.

Stralsund, am 3. November 1813.

Vom Polizey Directorio.

nach einer Pause von einigen Tagen wieder aufgenommen werden; doch vergingen immerhin einige Wochen, bis das Publikum seine Scheu vor dem Unglückshause völlig verlor und sich in gewohnter Zahl einstellte.

In den Monaten, während welcher Breede außerhalb Stralsunds weilte, spielten im Komödienhause die Truppen Carl Brebow's aus Berlin (März 1813) und A. Hayd's (Juni 1813), welche sich jedoch mit wenigen Ausnahmen nur mit der Darstellung von Einaktern abgaben. Ein größeres Stück „General Curt von Spartau", militärisches Schauspiel in 4 Akten von David Beil, führte der letztgenannte Direktor am 17. Juni auf der Insel Dänholm im Freien auf. Durch doppelte Barrieren und zahlreich ausgestellte militärische Wachen wurde die neugierige Menge, welche kein Eintrittsgeld bezahlt hatte, von dem Schauplatze fern gehalten. Außerdem fanden während dieser Jahre im Komödienhause zahlreiche Concerte, Ballets, gymnastische Vorstellungen und dergl. statt.[1]

Vom 17. Febr. bis 25. Juni 1815 führte der durch sein Zusammenwirken mit dem Grafen Hahn bekannte Friedrich August Ruhland aus Altona die Direktion und gab von neuen Stücken am

1815. 23. Februar. „Deutsche Treue." Schauspiel von Klingemann.
5. März. „Doctor Johann Faust." Trauerspiel v. Klingemann.
13. März. „Zriny." Schauspiel von Th. Körner.
14. März. „Die deutsche Hausfrau." Schauspiel von Kotzebue.
14. Juni. „Achmet und Zenibe." Schauspiel von Iffland.

Es gastirte die erste Sängerin vom Hamburger Theater Frau Minna Becker[2] geb. Ambrosch auf ihrer Reise nach Königsberg als

---

[1] Am 3. Mai 1812 Vocal- und Instrumental-Concert von A. Rufatti. Am 25. Januar 1813 Concerte und Divertissement-Ballets von Macconi. Am 18. und 26. August 1813 gaben der Concertmeister und erste Violinist der Königl. Preußischen Hofkapelle C. Moeser aus Berlin und seine Frau, geb. Longhi aus Neapel (Künstlerin auf der Harfe) Concerte im Schauspielhause. Am 3. September 1813 trat der Tonkünstler Ministersky mit seinem Harmonicord, einem Instrument neuer Erfindung auf. Im Januar 1815 veranstaltete der Oberfeuerwerker Michael, Baron Pay im Komödienhause chemische, optische und gymnastische Vorstellungen und Ballete.

[2] Nach Schluß der Theater-Saison gab Frau Becker noch einige Concerte im Saale der Brauercompagnie.

Conſtanze in Mozart's „Entführung". Ruhland kultivirte wieder weit mehr als ſeine Vorgänger Pantomimen und mehraktige Ballets, deren Inhalt oft großen Ereigniſſen der Befreiungskriege entlehnt war. Bei einer derartigen Vorſtellungen bat der Direktor verſtatten zu wollen, daß acht Stralſunder Waiſenknaben und acht Waiſenmädchen in völliger Uniform auf dem Theater erſcheinen könnten, da dies zur gehörigen Darſtellung einer Scene nothwendig ſei. Der Rath glaubte aber dieſes Anſuchen ablehnen zu müſſen, da es Bürgerkinder wären, deren Angehörige an dem Auftreten auf der Bühne Anſtoß nehmen könnten.

Im November und Dezember 1815 ſpielte die Geſellſchaft des Grafen Karl Hahn in Stralſund. Ueber die Perſönlichkeit dieſes Mannes, ſowie über ſeine Theaterlaufbahn wird weiter unten gelegentlich ſeines längeren Aufenthalts in Stralſund ausführlich die Rede ſein. Aus ſeinem erſten Verweilen ſei hier nur erwähnt die Aufführung des Ziegler'ſchen Schauſpiels „Der Kampf mit Gott fürs Vaterland," am 16. November 1815 anläßlich der Huldigungsfeier bei der Uebergabe von Schwediſch-Pommern an Preußen und das Gaſtſpiel des Sängers Stiegmann aus Hamburg.

Nachdem im Januar und Februar 1816 wiederum Direktor Ruhland einige Vorſtellungen gegeben hatte[1]), übernahm im Herbſt deſſelben Jahres der Großherzoglich Mecklenburg-Schwerinſche Theater-Direktor Arreſto das Theater. Chriſtlieb Georg Heinrich Arreſto, genannt Burchardie, geboren 1768 zu Schwerin' widmete ſich frühzeitig dem Theater und wurde bald ein beliebter Schauſpieler im Fache der heiteren Liebhaber und Bonvivants. Er war beim Beginn ſeiner Theaterlaufbahn an verſchiedenen Bühnen Niederſachſens thätig; in Stralſund zählte er im Jahre 1801 zu den Hauptkräften der Krickeberg'ſchen Truppe; darauf wirkte er mehrere Jahre in Altona und dann am Hamburger Stadttheater. Im Jahre 1804 ging er nach Petersburg, ward ſpäter mecklenburg-ſchwerinſcher Hofſchauſpieler und endlich Direktor. Als ſolcher kam er mit ſeiner Truppe nach Stralſund, wo er in der Zeit vom

---

[1]) Im März 1816 gab Veltheim mit ſeiner aus Frau und drei Töchtern beſtehenden Familie Darſtellungen in Geſang und Tanz.

Die Direktoren Arresto, Buschenheuer, Jülich, Krampe und Breede 87

12. September bis 18. Dezember Vorstellungen gab. Ursprünglich hatte Arresto nur bis zum 12. November in Stralsund verweilen und dann nach Mecklenburg zurückkehren wollen. Allein der Tod des Großherzogs von Mecklenburg-Strelitz und die deshalb befürchtete Landestrauer hielt ihn einige Wochen länger in Stralsund fest. Er veranlaßte dort ein Gastspiel des Tenoristen Rosenberg vom Braunschweiger Theater; auch brachte er folgende Novitäten zur Darstellung, am:

1816. 15. Oktober. „Die Schuld." Trauerspiel von Müllner.
      13. Dezember. „Rosamunde." Trauerspiel von Körner.[1])

Das Jahr 1817 brachte nur Kunstgenüsse untergeordneter Art. Im Februar und März und später noch im Dezember ergötzte der Balletmeister H. Buschenheuer das Publikum mit Pantomimen und plastischen Darstellungen und im Juni führte der Schauspieldirektor Wilh. Jülich aus Preetz in Holstein einige unbedeutende Lustspiele und kleinere Singspiele auf. Von Mitte März bis zum 10. Juni 1818 war das Theater dem Schauspieler J. C. Krampe[2]) überlassen, der mit seiner aus vier Personen bestehenden Familie Einakter sowie einzelne Szenen aus Opern von Boieldieu, Dittersdorf, Mozart, Weigl, Benda u. a. darstellte. Krampe ging von Stralsund nach Putbus.

Etwas Besseres erwartete das Stralsunder Publikum erst wieder von den Aufführungen, als Direktor Breede nach mehrjähriger Abwesenheit über Greifswald mit seiner Truppe zurückkehrte. Aber

---

[1]) Arresto starb 1818 zu Doberan; er hat mehrere Dramen verfaßt, von denen sich das Stück „Die Soldaten" am längsten auf dem Repertoire gehalten hat.

[2]) Krampe, geboren in Schwerin 14. Januar 1774, war schon früher Mitglied der Stralsunder Bühne gewesen. Im Juli 1817 gab er Concerte im Saale der Brauercompagnie. Später wurde er Großherzogl. Schwerinscher Hofschauspieldirektor. Als solcher gab er, wie Bärensprung erzählt, dem erstaunten Mecklenburgischen Publikum das Schauspiel, daß ein Theaterdirektor bei seiner jedesmaligen Abreise aus einem Ort zum andern alle seine etwaigen Gläubiger zur Empfangnahme ihrer Ansprüche aufforderte, eine Begebenheit, von der die Theatergeschichte Mecklenburgs und Vorpommerns wenig Beispiele aufzuweisen hat. Durch kluge Sparsamkeit und nöthige Einschränkungen hat sich Krampe auch bis zum Schlusse seiner Direktion diesen Ruhm erhalten.

diese Hoffnung sollte auf das Gründlichste getäuscht werden. Schon gleich bei der Ankunft der Gesellschaft verbreitete sich das Gerücht, daß Breede in Greifswald beträchtliche Schulden kontrahirt habe, die er erst von seinen Einnahmen in Stralsund bezahlen wollte. Und dies Gerücht fand schnell seine Bestätigung, als einige Greifswalder ihm folgten, um ihre Forderungen einzutreiben. So fehlte es denn auch in Stralsund bald an der pünktlichen Zahlung, durch die er sich sonst vor den Direktoren anderer wandernden Truppen auszuzeichnen pflegte. Es stellte sich ferner heraus, daß die Gesellschaft auffallend schlecht und unvollständig besetzt war; sie umfaßte nur Schauspieler von höchstens mittelmäßiger Begabung und Ausbildung. Breede selbst schien es dieses Mal lediglich auf den Gelderwerb anzukommen. Die anfangs rege Theilnahme der Stralsunder erlahmte daher sehr schnell und das Theater wurde vom besseren Publikum gar nicht mehr, vom geringeren nur wenig besucht. Breede spielte in Stralsund vom September bis Ende Dezember 1818, siedelte hierauf wiederum auf etwa zwei Monate nach Greifswald über, kehrte dann nochmals nach Stralsund zurück, gab dort im Schauspielhause am 22. Februar dem Petritage und am 1. März große Maskenbälle mit glänzenden Aufzügen und setzte darauf die Aufführungen bis Anfang Mai 1819 fort. An Novitäten gab Breede am:

1818. 28. Oktober. „Der Abend im Posthause." Lustspiel v. Clauren.
      9. Dezember. „König Lear." Trauerspiel von Shakespeare.
     17. Dezember. „Johann von Paris." Oper von Boieldieu.
     20. Dezember. „Der Vetter aus Indien." Lustspiel von Kotzebue.
1819. 1. April. „Die Ahnfrau." Trauerspiel von Grillparzer.
     15. April. „Der Wasserträger." Oper von Cherubini.
     19. April. „Aline, Königin von Golkonda." Oper von Berton.
     21. April. „Das Vogelschießen." Lustspiel von Clauren.

Als Gäste traten in dieser Zeit auf der Schauspieler Stamler vom Leopold-Theater in Wien, die Heroine Demoiselle Wetzel aus Bremen und das Ehepaar Pagel von der Lübecker Bühne. Im Februar und März 1819 gab, auf der Durchreise begriffen, das Ehepaar Gley[1])

---

[1]) Christine Gley, geborene Gollmann, war engagirt von 1803—1814 am Hamburger Stadttheater, von 1817—1824 am Hoftheater zu Neustrelitz; gestorben 1862 zu Dresden, Mutter der berühmten Tragödin Julie Rettich. (Flüggen, Bühnenlexikon.)

vom Hamburger Nationaltheater nebst Familie einige Vorstellungen im Schauspielhause. Es wurden in der Hauptsache kleine komische Opern gegeben, zu denen die Musik verschiedenen Komponisten entlehnt war, so daß die berühmte Künstlerin die beste Gelegenheit hatte, ihre großartige Fertigkeit im colorirten Gesange zu zeigen.

Ueber die am 25. November 1818 stattgehabte Aufführung der „Jungfrau von Orleans" erschien in Nr. 143 der „Stralsundischen Zeitung" eine längere Besprechung, welche als die erste öffentliche Recension über eine Stralsunder Theater-Aufführung hier Platz finden möge:

Am 25sten November sahen wir Schillers Meisterwerk: die Jungfrau von Orleans. Daß es ein Meisterwerk sey, glaubte der Dichter selbst, der kurz vor seinem Tode zu mir sagte: „Dieses ist das einzige bleibende Trauerspiel, was ich hervor gebracht habe, es wird auf immer den Epheukranz tragen." Dieselbe Meinung hegte auch Göthe von diesem Stücke, den ich später darüber sprach, und der sonst in seinem Lobe sehr karg ist — und sich überhaupt schwer mit Schillers Muse einigen konnte, weil Göthe sich zum Realen und Schiller zum Idealen neigte.

Wenn nun ein solches ideales Meisterwerk auf der Bühne dargestellt werden soll: so setzt dieses nicht geringe Kräfte der Schauspieler voraus, besonders rege Phantasie und tiefes Gefühl vom geläuterten Kunstsinn beherrscht. Freilich wollen die Schauspieler immer, wie der Dichter Müllner schon bemerkt hat, alles das besser wissen, als der Dichter. Doch haben wir in Deutschland nie eine beßre Bühne gehabt, als unter Göthes und Schillers Leitung in Weimar und unter Schröders und Jfflands in Hamburg und Berlin, welches die Meinung der Schauspieler widerlegt.

Der vorangeschickten Gründe wegen ging ich mit sehr geringen Erwartungen zur Vorstellung der Jungfrau, doch muß ich gestehen: daß keine der darstellenden Personen diese geringen Erwartungen befriedigt hat — außer Madame Henriette Breede. Sie ist Künstlerin; sie hatte ihre Rolle nicht allein gut memorirt, sie hat sie auch gefühlt und mit Phantasie dargestellt. Ihr Organ ist lieblich, man hörte richtige Scansion und Accentuation der Jamben. Wenn ich eins tadeln müßte, so wäre es — daß sie den Monolog im 4ten Acte anfangs etwas zu schnell sprach; doch war hieran vielleicht die musikalische Begleitung Schuld. Wenn Madame Breede auf der gut begonnenen Bahn fortschreitet: so wird sie bald als eine schätzenswerthe Künstlerin jede große Bühne zieren können. Sonst weiß ich von der Vorstellung nichts rühmliches zu sagen. Das Stück war fast bis zur Hälfte zusammengestrichen, so, daß ein geistreicher Zuschauer, der das Stück zuvor nicht gekannt hätte, gar keinen Zusammenhang gefunden haben würde. Fünf Personen fehlten ganz, als der Erzbischof, Chatillon, Raoul, Fastalf und Montgommery. Herr Aug. Breede sprach die Verse wie Prose; Herr Schimmel hatte nicht memorirt und sprach selten Jamben: dasselbe war der Fall bei Herr Weinhöfer dem Vater. La Hire und Dunois waren keine Helden; Herrn Corradini, der sonst manche andere Rollen gut spielt, fehlte das feine Benehmen eines französischen Königs und seine Rede war oft ganz falsch betont. Madame Schimmel hätte im Voraus fühlen sollen: daß es ihr die Natur schon versagt habe, eine Agnes Sorel zu spielen: eben so Herr Schütz einen Lionel.

Der Beschauer eines Kunstwerks hat das Recht sein Urtheil darüber auszusprechen, besonders wenn er es versteht — und das Beschauen erkauft. Dieß sind meine Gründe für diese Kritik — die auch noch dadurch bewirkt ist — daß man in der Zeitung bekannt machte: Die Darstellung der Jungfrau sey in Greifswald für die vorzüglichste dieser Gesellschaft erklärt worden. Durch diese Anzeige ist ein Publikum beleidigt worden. Entweder hat die Gesellschaft hier nicht so gut gespielt, als in Greifswald und dann ist das Publikum hier hintangesetzt; oder — man hat dort eben so gespielt wie hier — und dadurch wäre das Greifswalder Publikum beleidigt, das gewiß die Darstellung eines Trauerspiels richtig zu beurtheilen versteht.   Dr. Karl Schöne.[1]

---

[1] Karl Christian Ludwig Schöne, pseud. Karl Nord, geboren am 10. Februar 1779 zu Hildesheim, war anfangs zum Maler bestimmt, studirte aber seit 1799 in Göttingen Medizin, wurde 1813 Direktor des

Die nächste Nummer der Zeitung brachte zwei spaltenlange geharnischte Entgegnungen zweier tiefgekränkter Künstler, der Schauspieler Heinrich Schütz und Carl Adolf Beinhöfer junior, worauf Dr. Schöne noch einmal energisch antwortete. Von diesem Jahre ab finden sich in der „Stralsundischen Zeitung" hin und wieder einzelne Besprechungen, die jedoch zunächst nur wenig kritisches Gepräge tragen, vielmehr fast ausschließlich als gelegentliche Aeußerungen Dieses oder Jenes aus dem Publikum auftreten.

Breede suchte sich für die scharfe — aber jedenfalls gerechte — Kritik Schönes, die einiges Aufsehen erregt hatte, durch öffentliche Reibungen an dem Publikum zu rächen. Er bemühte sich sowohl den Kommandanten als den Polizeidirektor Schwing[1]) zu überreden, daß man das Theater zu stürmen beabsichtigte, und verlangte deshalb, daß das Parterre mit starker Wache besetzt werden solle. Daß es hiermit blos auf einen Affront gegen das Publikum abgesehen war, ergab sich nur zu deutlich, als ihm von beiden Seiten die Besetzung des Parterres abgeschlagen wurde, der Polizeidirektor aber hinter dem Theater eine Wache aufstellte, die auf jeden Fall seiner Gesellschaft den Rückzug sichern konnte, und er nun gegen die Verfügung mit der Behauptung protestirte, daß er sich auch ohne solche Hülfe gesichert sehe. Kleinere Nebenumstände, die uns heute nicht mehr bekannt sind, brachten weitere Beweise seiner Absicht, das Publikum zu choquiren.

Auch sonst hat sich Breede in Stralsund in hohem Grade den Ruf der Unbescheidenheit und des Mangels an Achtung sowohl gegen die Behörden als gegen das Publikum zugezogen, letzteres so sehr, daß er sich bei einer früheren Anwesenheit zur Leistung einer öffentliche Abbitte genöthigt sah. Er hat überall ohne Ausnahme die Meinung zuwege gebracht, daß es ihm mindestens gleichgültig sei, ob man gut oder übel von ihm denke.

Militair-Lazareth in Kolberg lebte dann als Arzt und Hofrath in Stralsund. Er schrieb die Trauerspiele „Faust", „Gustav Adolf's Tod" und „Die Macht der Leidenschaft" sowie eine Fortsetzung des Faust von Goethe, der Tragödie 2. Theil, 1823. (Vergl. Brümmer, Dichter-Lexikon.)

[1]) Carl Georg Schwing zu Rath erwählt 1805, Bürgermeister 1820.

Dies bestätigte auch sein Abschied von Stralsund. Schuldenhalber entfernte er sich heimlich einige Wochen vor der Abreise seiner Gesellschaft und überließ es seinen Schauspielern, die Abonnenten, von denen er Geld entgegengenommen hatte, durch weitere Vorstellungen zu befriedigen. Das ganze Theater-Unternehmen verlief daher höchst kläglich im Sande. Die Gesellschaft löste sich in Folge Zwistigkeit mancherlei Art völlig auf; ein Theil der Schauspieler ging nach Prenzlau, ein anderer nach Friedland.

Inzwischen [1]) war es dem Direktor Krampe [2]) geglückt, sich eine tüchtige Truppe [3]) zu schaffen, mit der er im Herbst 1819 die Bühne in Stralsund aufs Neue eröffnete. Nach den unerquicklichen Theater-Verhältnissen der Vorjahre fiel es ihm nicht schwer, sich die Sympathien und die Zufriedenheit des Publikums zu erringen. Er brachte folgende größere Novitäten am:

[1]) Im September 1819 fanden im Schauspielhause Vorstellungen des Metamorphosen-Theaters der Gebrüder Dennebecq aus Paris statt.

[2]) Das Königl. Polizei-Ministerium in Berlin erließ folgende die Konzessionirung Krampes betreffende Verfügung vom 14. Januar 1819: „Ich benachrichtige die Königl. Regierung (zu Stralsund), daß der Schauspieler J. C. Krampe, welchem bereits früher eine für die Städte Stettin, Frankfurt a. O., Stralsund und Greifswald gültige Konzession zu Schauspiel-Vorstellungen ertheilt worden, wovon derselbe aber keinen Gebrauch gemacht, nunmehr eine ähnliche Erlaubniß ausgefertigt erhalten hat, wonach derselbe mit der von ihm in Neu-Strelitz errichteten Schauspieler-Gesellschaft die Städte, Stralsund, Greifswald, Anklam und Prenzlau drei Jahre hindurch besuchen darf. Dem p. Krampe, der für sich und seine Gesellschaft die vortheilhaftesten Zeugnisse aufzuweisen hat, ist zugleich zur Bedingung gemacht, in Kollisionsfällen den in den letztgenannten Städten und konzessionirten Schauspiel-Direktoren Breede und Schröder jedesmal zu weichen und zur Vermeidung des Zusammentreffens mit ihnen gehörige Verabredung zu nehmen."

[3]) Der Personal-Bestand der Gesellschaft war im Winter 1819/20 folgender: Direktor Krampe, Musikdirektor Lindner, Souffleur Löwe, Theatermeister Frank. Darstellende Mitglieder: Mad. Krampe, Demoiselle Krampe, Mad. Ohlhorst, Mad. Bachmann, Mad. Baudius, Mad. Lindner, Demois. Lindner, Mad. Budemann, Mad. Groß, Mad. Frank, Mad. Brede. — Herren: von Massow, Bachmann, Brede, Groß, Budemann, Eggers, Bethmann, Vollbrecht und Kempe.

1819. 22. November. „Die Schweizerfamilie." Oper von Weigl.
13. Dezember. „Toni." Drama von Theobor Körner.
26. Dez. „Das Käthchen von Heilbronn." Schauspiel v. Kleist.
1820. 5. Januar. „Hedwig, die Banditenbraut." Drama v. Th. Körner.
14. Februar. „Sappho." Trauerspiel von Grillparzer.
1. März. „Otto von Wittelsbach." Trauerspiel von Babo.

Den Neujahrstag 1820 beging die Bühne mit einer Festvorstellung, welche durch den folgenden von Dr. Karl Schöne gedichteten und von Hans v. Massow[1]) gesprochenen Prolog eingeleitet wurde:

> Das Leben sei ein Traum — sagt uns der Dichter,
> Wer stimmte heute nicht dem Ausspruch bei, —
> Wo wir ein scheidend Jahr — dem Traume gleich —
> Ins graue Reich der Vorzeit schwinden sahn?
> Wir sind erwacht, des bunten Traumes Bilder —
> Sie schweben kaum noch unsern Sinnen vor.
> Wohl dem — der schön geträumt! Des süßen Schlaf
> Kein finstres Traumbild grausend unterbrochen!
> Läuft auch die Stunde durch den rauhsten Tag
> Und endet selbst der finsterste der Träume,
> So ist des Frühlings Bild willkommen doch.
> Mit seinen Rosen, seinen duft'gen Blüthen
> Als eines finstern Tages Sturm und Wüthen.
> — Wir, die wir hier ein Abbild dieses Lebens,
> Was sich in Zeit und Jahren bunt gestaltet,
> Und was des Dichters Traum verschönert wiedergiebt,
> Hier über dies Gerüst von Brettern führten,
> Wir träumten im entflohnen Jahre süß.
> Weil unsern Willen — unsre Kräfte Ihr
> Mit Beifall oft belohnt — der uns beglückt.
> Denn Beifall ist's — um den der Künstler ringt,
> Drum übt er seine Kraft — er will Natur,
> Die schöne Wahrheit in der Kunst euch zeigen.
> Eur' holdes Lächeln — Eures Auges Thräne —
> Sie sind der süße Preis, nach dem wir streben.
> O, zeigt sie ferner uns — die schönen Zeugen,
> Daß Euer Herz durch unsre Kunst bewegt. —
> Wir lieben Euch — wißt, heiße Wünsche steigen
> Am heut'gen Tag aus dankerfüllter Brust,

---

[1]) Seine Namens-Aenderung kündigte Herr von Massow durch folgende Zeitungs-Anzeige an: „Ich, Hans von Massow, zur Zeit Schauspieler, nenne mich in der Folge Hans Maßmann."

Zum ew'gen Dom — zum Stern besä'ten Bogen,
Von dem der Segen auf die Fluren sinkt.
Ein reiches Jahr beglücke diese Stadt.
Die Flur gedeihe mit der goldnen Saat,
Daß Eure Speicher überfüllet werden,
Der Handel blühe und des Schiffes Kiel,
Er trage aus den weit entfernten Landen
Den Wohlstand und den Reichthum hier zum Hafen. —
Ein schöner Traum! — Nein mit des Sehers Blick
Sag ich — es ist kein Traum, Ihr werdet sehen,
Was ich gewünscht, wird in Erfüllung gehen.

Den Abschluß fand die Saison am 7. März mit der Aufführung des „Käthchen von Heilbronn", nach welchem Stücke Fräulein Friederike Krampe den folgenden im Charakter des Käthchen gedichteten Epilog vortrug:

Ihr habt gesehen wie Käthchen litt und kämpfte. —
Wie sie verstoßen ward von Vater und Geliebten;
Doch wahre Liebe kann kein Leid verdrängen!
Nur heiliger, nur theurer ward sie mir,
Durch ihre Leiden, durch der Wehmuth Schmerzen.
Ja, solche Prüfung will der Himmel krönen —
Wie Ihr gesehn — denn meine Liebe siegte. —
Vielleicht glaubt Ihr — das Käthchen nun beglückt?
Doch bin ich's nicht — wenn nicht beim heut'gen Scheiden
Dem guten Käthchen Eure Liebe folgt?
Um sie war ich bemüht — des Dichters Bild,
Die Täuschung Euch — als Wahrheit zu gestalten.
Wärs mir geglückt, hätt' Eure Huld ich mir errungen?
O glaubet mir; dies süße Beifalls-Zeichen,
Es würd' ein magisch Band um meinen Busen schlingen!
Und trennen Tage gleich und Monden uns,
Nicht Zeit, nicht Raum kann schöne Herzen trennen,
Wo ich auch sei — ich werde Euer denken;
Denn Käthchens Liebe — wißt Ihr — kann nicht wanken,
Drum zaudert nicht, mir Eure Gunst zu schenken.
Lebt wohl! Ich halt Euch fest in Herzen und Gedanken.

Zu früh für eifrige Theaterfreunde wurde das Schauspielhaus geschlossen; man hätte es gerne gesehen, wenn die ausgezeichnete Gesellschaft Krampes noch einige Zeit die Abende verkürzt hätte. Denn seit vielen Jahren hatte man nicht mehr Ursache mit einer Gesellschaft so zufrieden zu sein, als mit dieser. Was man von einer reisenden Bühne nur immer fordern konnte, wurde geleistet und in 64 Vorstellungen, die man sah, verließen die Schauspielfreunde stets befriedigt das Theater. Zugleich bemerkt eine Kritik noch, daß sämmtliche Mitglieder der Krampeschen Gesellschaft nicht nur rücksichtlich ihrer Kunst und Accuratesse in der Darstellung wetteiferten, sondern auch vorzüglich durch ihren moralischen Lebenswandel sich insbesondere die Liebe des Publikums erwarben. „Möchten wir doch so glücklich sein — so schließt der Recensent — diese solide Gesellschaft künftigen Winter wieder bei uns sehen!" Nun dieser Wunsch sollte in Erfüllung gehen.

Krampe[1]) kehrte noch in vier Wintern nach Stralsund zurück, ohne daß seine Beliebtheit beim Publikum nachgelassen hätte. Er spielte in Stralsund im Winter 1820/21 (vom 22. Oktober bis Ende Februar), im Jahre 1822[2]) (vom 10. März bis 8. Mai), im Winter 1822/23 (17. November bis 7. April) und 1823/24 (vom 7. September bis 15. März). In der Zwischenzeit diente das Schauspielhaus wie gewöhnlich mancherlei anderen Veranstaltungen.[3])

[1]) Als der König mit dem Kronprinzen, den Prinzen Wilhelm und Karl Anfang Juli 1820 Putbus besuchte, wurde Krampe durch den Fürsten von Anklam nach Putbus beordert und mußte im Speisesaal des Kurhauses, wo ein Theater errichtet war, vor den allerhöchsten Herrschaften spielen. Es wurde gegeben „Die eifersüchtige Frau" von Kotzebue und die komische Oper „Der Sänger und der Schneider" (Vergl. Spreer, „Malte, Fürst und Herr zu Putbus".) Am 20. Juli 1820 eröffnete Krampe in Putbus das neue Schauspielhaus mit einem von Dr. Carl Schöne gedichteten Prologe und „Das Leben ein Traum" von Calderon.

[2]) Der Personal-Bestand der Gesellschaft im Jahre 1822 war folgender: Direktor Krampe, Musik-Direktor Büttinger, Schauspieler Groß, Blümel, Bachmann, Hoffmann, Schantze, Hambuch, Köpper, Brede, Dogen, Monhaupt, und Peters, Souffleur Löwe, Theatermeister Frank und Fehlau und die Damen Frau Brede, Frau Köpper-Riedel, Frau Holm, Frau Blümel, Frau Bachmann, Frau Hartmann, Frau Dogen, Frau Krampe, Frl. Koppe, Frl. Krampe, Frl. Holm und Frl. Michaeli; für Kinder-Rollen: Carolina und Amalie Brede und Fritz Gaß. Dazu kamen noch: 1 Friseur, 1 Garderobier, 3 Zettelträger, 1 Illuminateur, 1 Statisten-Anführer, 2 Theaterdiener, 6 Theatergehülfen und 7 Billeteurs.

[3]) Am 21. März 1820 führten J. Buschenheuer jun. und B. Selkes mit ihren Schülern und Schülerinnen Ballets im Schauspielhause auf.

Dem Umstande, daß Krampe — abgesehen vom Herbste 1821, in welchem er einige Monate in Stettin spielte — neben Stralsund seine Thätigkeit ausschließlich auf kleinere Orte, wie Greifswald, Prenzlau, Anklam und Putbus beschränkte, verdankt die erstgenannte Stadt verhältnißmäßig lange Spielzeiten, wie sie dieselbe vorher garnicht kannte. Den größten Zeitraum nahm dabei die letzte der Krampeschen ein, welche bei einer Dauer von fast 6½ Monat 103 Vorstellungen brachte. Diese Saison ist die zweitlängste von allen denen, welche das alte Stralsunder Schauspielhaus aufzuweisen hat. Von Novitäten brachte Krampe in den letzten vier Jahren seines Stralsunder Direktorats am:

1820. 31. Oktober. „Donna Diana." Lustspiel von Moreto.
      2. Nov. „Verlegenheit und List." Lustspiel, bearbeitet v. Kotzebue.
      9. November. „Das Leben ein Traum." Schauspiel von Calderon de la Barca.
1821. 5. Januar. „Axel und Walburg." Trauerspiel von Oehlenschläger.
      2. Februar. „Die Vertrauten." Lustspiel von Müllner.
      „Der Dorfbarbier." Oper von Schenk.
1822. 10. März. „Der Freischütz." Zauberspiel von Graf Riesch.
      17. März. „Der Bär und der Bassa." Vaudeville-Burleske v. Blum.
      22. März. „Fluch und Segen." Drama von Frhr. von Houwald.
      27. März. „Stille Wasser sind tief." Lustspiel von Schröder.
      Gastrollen: Antoinette . . . . Frau Amalie v. Massow.
                 Baron Wieburg . . . . . Herr v. Massow.
                 Herr von Rehberg . . . Herr Vio.
      Sämmtlich vom Hoftheater zu Strelitz.
      29. März. „Das Bild." Trauerspiel von Houwald.
      17. November. „Das Doppel-Duell." Lustspiel von Clauren.
      3. Dezember. „Brant und Bräntigam in einer Person." Lustspiel von Kotzebue.
1823. 1. Januar. „Das Gasthaus zur goldnen Sonne." Lustspiel v. Clauren.
      13. Januar. „Preciosa." Schauspiel v. Wolff. Musik v. Weber.
      23. Januar. „Der Bräutigam aus Mexiko." Lustspiel v. Clauren.
      20. Februar. „Der Freischütz." Oper von Weber.
      3. April. „Klein Rothkäppchen." Oper von Boieldieu.

Am 9. Juni 1820 und folgende Tage Vorstellungen des Herrn Franke, genannt der nordische Herkules.

Mitte Dezember 1821 Vorstellungen des Mechanikus Gottschalk.

Am 22. August 1823 musikalisch-beklamatorische Abendunterhaltung von der Schauspielerin Egree nebst Familie.

	7. September.	„Die Bürger in Wien." Lustspiel v. Bäuerle.
	24. Oktober.	„Der Arzt seiner Ehre." Trauerspiel von Calderon.
	31. Oktober.	„Der Leuchtthurm." Trauerspiel von Houwald.
	14. November.	„Tankred." Oper von Rossini.
	19. Dez.	„Die Braut von Messina." Trauerspiel von Schiller.
	22. Dezember.	„Clavigo." Trauerspiel von Goethe.
1824.	6. Februar.	„Der Tagesbefehl." Drama von Carl Töpfer.

Es gastirten unter der Direktion Krampe in Stralsund der Schauspieler Binn, die Sängerin Köpper-Riebel, die Charakterdarsteller Köpper und Schlawitz vom Magdeburger Theater, der Komiker Wurm¹) (an 17 Abenden), Herr und Frau v. Massow, der Schauspieler Bio, die beiden Gebrüder Wohlbrück, der ältere vom Großherzogl. Nationaltheater in Mainz und der jüngere vom Schleswiger Hoftheater, der Charakterspieler Julius (an 12 Abenden) von der Dresdener Hofbühne und die Tänzer-Familie Kobler.

Die Vermählung des Kronprinzen Friedrich Wilhelm mit der Prinzessin Elisabeth von Bayern am 29. November 1823 feierte die Stralsunder Bühne mit einer Festvorstellung, die durch einen schwungvollen Prolog eingeleitet wurde; alsdann folgte die Aufführung des Houwaldschen Dramas „Der Fürst und der Bürger"; die Einnahme war zum Besten des Louisen-Stiftes bestimmt. Die Theaterdirektion hatte die Festvorstellung ursprünglich als eine Nachfeier geplant und auch bereits angekündigt, da der Hochzeitstag auf einem Sonnabend fiel und an diesem Wochentage aus kirchlichen Rücksichten bisher in Stralsund keine Theater-Aufführungen geduldet waren. In diesem Falle aber machte die Behörde — ob aus eigenem Antriebe oder auf Bitten des Theaterdirektors, bleibt dahingestellt — eine Ausnahme, und gestattete die Aufführung. So ist denn der 29. November 1823 von einer gewissen Bedeutung für das Stralsunder

---

¹) Albert Aloys Ferdinand Wurm, geboren am 14. November 1783 in Greifenhagen (Pommern), war engagirt bei reisenden Gesellschaften in Schlesien, Warschau (1801—04), Würzburg, Berlin (1809—15) und Leipzig (1817). Darauf gastirend bis 1827. In Stralsund trat Wurm im Januar 1821 auf. Er starb am 21. Juni 1834 zu Karlsruhe. (Flüggen, Bühnenlexikon.)

Theater geworden, wenngleich immerhin noch eine Reihe von Jahren ins Land gehen mußte bis der Sonnabend als gleichberechtigter Vorstellungstag in die Reihe der übrigen Wochentage eintreten durfte.

Nach fast anderthalbjähriger Pause [1]) öffneten sich die Pforten des Stralsunder Komödienhauses aufs Neue. Am 5. September 1825 begann die Gesellschaft des Direktor Couriol aus Stettin ihre Vorstellungen, welche sie ohne Unterbrechung bis zum 27. April 1826 fortsetzte. Allerdings fand am 1. April 1826 ein Direktions-Wechsel statt, indem Couriol ausschied und ein Mitglied der Truppe, C. Schmidtgen, die Leitung übernahm. Gleichzeitig fand eine Aenderung des Abonnementspreises statt; von nun an kostete das Dutzend Billets zum 1. Rang 5 Rthlr. 4 Sgr. 4 Pfg., zum 2. Rang 3 Rthlr. 28 Sgr. 8 Pfg. und zum Parterre 2 Rthlr. 24 Sgr. 9 Pfg. Die Spielzeit 1825/26, welche fast acht Monate umfaßte, ist die längste von allen, früheren sowohl wie späteren, gewesen. Die Zahl der in ihr stattgehabten Aufführungen läßt sich heute nicht mehr feststellen. Schmidtgen, der wie sein Vorgänger auch in Putbus, Greifswald und Anklam spielte, leitete noch zwei Winter die Stralsunder Bühne, nämlich vom November 1826 bis 8. Juni 1827 und vom 27. Dezember 1827 bis Mitte April 1828. Von Novitäten wurden unter Couriols bez. Schmidtgen's Direktion gegeben am:

1825. 5. September. „Der Wollmarkt." Lustspiel von Clauren.
     5. Dezember. „Der Barbier von Sevilla." Oper von Rossini.
1826. 6. Januar. „Figaros Hochzeit." Oper von Mozart.
    13. Februar. „Titus." Oper von Mozart.
    15. Februar. „Wallensteins Tod." Trauerspiel von Schiller.
    15. März. „Sieben Mädchen in Uniform." Vaudeville von Angely.
    12. Dezember. „Theodor Körners Tod." Drama mit Chören von C. M. von Weber.

[1]) Ende November 1824 gaben Opel nebst Frau und Köpper im Schauspielhause bramatisch-deklamatorische Abendunterhaltungen, welche im Dezember mit Unterstützung vom Ehepaar Köhler vom Stettiner Theater wiederholt wurden.

Vom 9. Juni ab bis Mitte August 1825 gab die Familie Casorti aus Italien einige Vorstellungen von akrobatischen, pantomimischen Ballettänzen.

1827. 16. Februar. „Die weiße Dame." Oper von Boieldieu.
  9. April. „Der Brauttanz." Von Clauren.
 14. Mai. „Der Sturm von Stralsund" oder „Die Geächteten". Vaterländisches Gemälde von W. Alexis.
1828. 11. Januar. „Maurer und Schlosser." Oper von Auber.
 12. März. „Der Krieg mit dem Onkel" oder „So bezahlt man seine Schulden". Lustspiel von Töpfer.

Als Gäste traten auf der Charakterspieler Kauffmann vom Mainzer Theater, der Bassist Naumann von der Schweriner Bühne, der Tenor Plock und die Schauspielerin Demoiselle Herzum vom Stettiner Theater, Frau Amalie Schick, die Charakterspieler Julius[1]) aus Dresden und Kossal aus Frankfurt, die Bassisten Heinrich Goßler vom Altonaer Stadttheater und Gollmick von der Amsterdamer Bühne. Dazu kamen noch die Ensemble-Gastspiele der Tänzer-Familie Kobler und die Pantomimiker-Gesellschaft der Direktoren

---

[1]) Der Schauspieler Julius begeisterte das Stralsunder Publikum so sehr, daß nach beendetem Gastspiel im Anzeigentheil der „Stralsundischen Zeitung" folgendes Gedicht erschien:

An Julius.

Wir sahen Dich Natur und Kunst verbinden,
Und jedes Bild erschien uns rein und klar;
Wer kann, Dir gleich, des Dichters Sinn ergründen,
Wer stellt so treu, was dieser dachte, dar?

Den Herzog aus des Kerkers Nacht zu retten,
Trotzt' Richers der Gefahr, und Isidor
Rief bei dem Klirren angeborner Ketten
Der Wehmuth Schmerz in Aller Brust hervor.

Und Hamlet — so nur konnte Hamlet sprechen,
So handeln nur! Uns rührte tief der Gram
Des Sohnes, der, des Vaters Mord zu rächen,
Die grause Larve finstern Wahnsinns nahm.

Wer hat von Dir wohl Wallenfeld gesehen,
Der nicht die wilde Leidenschaft verdammt,
Durch die so Viele gräßlich untergehen,
Die aus der Hölle schwarzem Schlunde stammt. —

Nimm unsern Dank! — Und ruft Dich vom Kothurne
Der Engel einst, die Fackel senkend, ab,
Dann stellt, zypreßbekränzt, die Marmorurne
Melpomene mit Thränen auf Dein Grab.

Gautier und Chiarini. Die letztgenannte Truppe gab später Vorstellungen in der Königlichen Reitbahn. Während des Fernseins Schmidtgens von Stralsund fehlte es im Schauspielhause doch nicht an Unterhaltung für das Publikum.¹) — Im September 1828 spielte dann noch die unbedeutende Gesellschaft Ferdinand Zimmermanns, die sich mit der Darstellung von Einaktern begnügte und dann verging mehr als ein Jahr, bevor den Stralsundern wieder theatralische Genüsse geboten wurden.

Im Herbst des Jahres 1829 hielt die Schauspielertruppe des Landmarschall Grafen Karl von Hahn-Neuhaus ihren Einzug in das Stralsunder Theater. Es ist eine der merkwürdigsten Erscheinungen in der Geschichte der deutschen Schauspielkunst, daß einer der größten Standesherrn Mecklenburgs seine Vorliebe und Leidenschaft für die Bühne soweit trieb, daß er selbst als ausübender Künstler auftrat und länger als vierzig Jahre bis in sein hohes Alter als Direktor von Wandertruppen im Lande umherzog. Weder Bitten und Vorstellungen seiner Verwandten und Freunde noch Abmahnungen seines Landesherrn konnten ihn von seiner Theatermanie heilen und die Annahme einer Hoftheater-Intendanz schlug er beharrlich aus, angeblich weil er in seiner Thätigkeit unabhängig und ohne fremden Einfluß sein wollte, in Wirklichkeit aber wohl, weil er das Vagabundenleben und den Plunder schmutziger Kulissen und verschossener Garderobe geordneten Theater-Verhältnissen vorzog. Ging doch die Ueberspanntheit des Grafen so weit, daß er für den König von

---

¹) Am 12. Juni 1826 musikalisch-dramatische Abendunterhaltung von Wittwe Uhink mit ihrer Familie, unterstützt durch Madame Köpper-Riebel.

Am 4. September 1827 gab Demoiselle Franziska Ferrari aus Christiania ein großes Vocal- und Instrumental-Concert (Pedal-Harfe). Ende September desselben Jahres veranstalteten Concerte im Schauspielhause: Klara Schuffer, Sängerin aus Bremen, Karl Blumenfeld, Sänger aus Wien, und Hermann Ruckel, Sänger vom Bremer Stadttheater.

Ende Juni und Anfang Juli 1828 gab der Zauberkünstler Professor Graf Angelo Pettorelli aus Italien Vorstellungen im Schauspielhause.

Im November 1828 hatte Mechanikus Kleinschnek sein Metamorphosen-Theater im Schauspielhause aufgeschlagen.

Dänemark, der ihn zu überreden suchte, der Theaterleidenschaft zu entsagen und den Rest seines Lebens auf dem Gute seines Sohnes in Ruhe zu verleben, nur die Antwort hatte: „Majestät! mein einziger Wunsch ist der, dereinst auf der Bühne zu sterben." — Bei einem so einzig in seiner Art dastehenden Manne ist wohl gestattet, etwas länger zu verweilen.[1])

Die Familie Hahn ist eine der ältesten und angesehensten Mecklenburgs; sie kann ihren Stammbaum bis auf die letzten Jahre der Hohenstaufenzeit zurückführen; die Glanzzeit des Geschlechtes fällt in das letzte Drittel des 18. Jahrhunderts. Dem damaligen Vertreter der Familie, dem Erblandmarschall Fritz Hahn, welcher 1802 die Reichsgrafenwürde erhielt, war es geglückt, 99 der schönsten Rittergüter in Mecklenburg und Holstein zusammenzubringen. Das hundertste hat er — wie der Volksmund erzählt — nicht erwerben dürfen, „weil er dann mehr gehabt haben würde als der König."[2]) Dieser große Besitz fiel nach seinem schon im Jahre 1805 erfolgten Ableben seinem Sohne zu. Karl Friedrich Hahn, geboren am 18. Mai 1782 kam im neunten Lebensjahre an den Hof nach Stockholm, wo er durch Vermittelung eines Onkels, der dort ein Regiment kommandirte, unter die Leibpagen Königs Gustav III. aufgenommen wurde. Am Hofe dieses kunstsinnigen und prachtliebenden Monarchen, der namentlich für das Theater so viel that, — meint sein Biograph — sei der erste Keim zu der überschwenglichen Theaterliebe in die Seele des Jünglings gelegt worden. Bald nach der Ermordung

---

[1]) Vergl. Meyer, Charakterzüge aus dem Leben des Grafen Karl Hahn-Neuhaus, Hamburg 1858; dieser Schrift sind die Anekdoten der folgenden Anmerkungen zumeist entnommen. Vehse, Geschichte der deutschen Höfe seit der Reformation. 36. Bd. Hamburg 1856; Devrient, Geschichte der deutschen Schauspielkunst. 4. Bd. Lpzg. 1861.

[2]) Fritz Hahn war denn auch außerordentlich eingenommen von der Bedeutung seiner Stellung und seines Reichthums. Vehse erzählt, er sei einmal bei Nachtzeit dem großen Friedrich in dem benachbarten Pommern in einem Hohlwege begegnet und habe laut gerufen: „Aus'm Wege, ich bin der Baron Hahn von Remplin!" Es ward ihm noch lauter zurückgerufen: „Aus'm Wege, ich bin der Oberschulz aus Berlin!"

des Königs, bei welcher Karl zugegen war ¹), kehrte er nach Mecklenburg zurück und kam unter der Obhut eines Hofmeisters an den Hof nach Schwerin, wo ihm von seinem Vater ein förmlicher kleiner Hofstaat beigegeben wurde, damit er im Aufwande nicht hinter dem Erbprinzen zurückstehen brauche.²) Im Jahre 1799 lebte Karl in Hamburg und drei Jahre später als Student in Greifswald. In beiden Städten beschäftigte er sich auf das Eifrigste mit dem Theater.

Kaum hatte der Graf Hahn die väterliche Erbschaft angetreten, als er eine Prachtentfaltung und eine Verschwendung im großen Style begann.³) Mit einem Kostenaufwande von 60000 Thalern

¹) Gelegentlich der ersten Aufführung des Auber'schen „Maskenballs" in Hamburg erzählte Graf Hahn seinem Personal Folgendes: „Ich war als Page auf jenem Ball, wo der gute König fiel. Der Vorfall hier in der Oper ist ganz falsch wiedergegeben, der König starb nicht sogleich, sondern er lebte noch vier Tage. Der Schandbube hatte ihn mit gehackten Bleistücken in den Rücken getroffen. Ich blieb mit einem Pagen, Namens Grafen Löwenstjolt in der Nähe des kranken Königs bis zu seinem Tode. Es sind jetzt 54 Jahre verflossen und dennoch ist diese That jener verhängnißvollen Ballnacht mir stets erinnerlich. Ankerström war nicht einmal von Adel, demnach nicht Graf; er war ein dummer, verrückter Mensch, der sich zu dieser That gut verwenden ließ. Ich sehe den Kerl noch, als ihn die Wachen aus dem Saal führten, der Kerl sah wie ein Blödsinniger aus, wofür er auch allgemein gehalten wurde. Ankerström bildete sich ein, ein großer Astronom zu sein und belästigte den König fortwährend mit der Bitte, ihm ein Observatorium zu bauen, was ihm aber stets verweigert wurde."

²) Hier legte Hahn bereits die ersten Proben seiner Verschwendungssucht ab. Eines Tages spielte der Erbprinz und sein junger Freund auf dem heiligen Damm bei Dobberan am Strande der Ostsee und ergötzten sich mit dem sogenannten Wasserhüpfen, indem Beide den glatten Spiegel der See mit Steinen bewarfen. Der Erbprinz bemerkte, daß die Steine seines jungen Freundes viel öfter aufhüpften als die seinigen, und fragte: „Wie wirfst Du denn eigentlich, daß Du es weit besser triffst wie ich?" Lachend versetzte Karl: „Ich werfe nicht mit Steinen, ich werfe mit Dritteln!"

³) Die Königin Louise von Preußen besuchte im Jahre 1805 ihre hohen Verwandten in Mecklenburg-Strelitz. Ihr Weg führte sie über Remplin und hier ließ sich's Graf Hahn nicht nehmen, ihr einen festlichen Empfang zu bereiten und sie wahrhaft königlich zu bewirthen. Die Königin verweilte bis zu einbrechender Nacht auf Schloß Remplin, wo ihr zu

schuf er auf seinem Gute Remplin ein Liebhabertheater, auf dem er
glänzende, mit einem unsinnigen Luxus ausgestattete Vorstellungen
gab. Er selbst spielte mit Vorliebe in einer gediegenen Silberrüstung
Ritterrollen; auch sonst trug er für seine Bühne die kostbarsten
Kostüme zusammen. Die Zuschauer stellte der Adel der Umgegend,
der sich gern zu den verschwenderischen Festen auf Remplin einfand.
In einem Meer von Entzücken schwamm Graf Hahn, wenn es ihm
hin und wieder ein Mal gelang, berühmte Künstler wie Iffland¹) oder
Eßlair zu Gastspielen auf seinem Schloßtheater zu veranlassen;
sie wurden stets fürstlich beschenkt entlassen. Daß bei einer solchen
tollen Wirthschaft seine Vermögensverhältnisse bald völlig zerrüttet

Ehren prachtvolle Aufzüge, Concert, Ball, Illumination des Schlosses und
Parks, endlich ein großes Feuerwerk, das allein mehrere tausend Thaler
kostetete, veranstaltet waren. Das Feuerwerk nahm die hohe Frau von
einem Zelte aus in Augenschein, welches eigens zu diesem Zwecke aus
den kostbarsten orientalischen Stoffen im Mittelpunkt des Parks errichtet
war. Als das Feuerwerk zu Ende war und die Königin sich erhob, um
in dem bereits harrenden Wagen ihre Reise fortzusetzen, bot ihr der Graf
den Arm, um sie durch den Park bis zum Wagen zu führen. Die
Königin warf im Fortgehen noch einen bewundernden Blick auf das
prachtvolle Zelt; der Graf dies bemerkend, sprach mit ritterlicher Galanterie:
„Nach Preußens angebeteter Monarchin soll kein Sterblicher mehr dies
Zelt betreten!" — und auf ein gegebenes Zeichen ging vor den Augen
der staunenden Königin der Prachtbau in Flammen auf.

¹) Als Iffland in Schwerin gastirte, ruhte Graf Hahn nicht eher,
als bis der „König der Schauspieler" endlich zugesagt hatte, eine Rolle
auf dem Liebhabertheater des Grafen als Gast zu geben. Im Triumph
führte der Graf seinen gefeierten Gast mit sich auf Schloß Remplin, und
daß er hier den liebenswürdigsten Wirth machte, bedarf wohl nicht erst
der Erwähnung. Iffland war entzückt über seine Aufnahme und ließ es
sich gefallen, daß der Graf für sein Gastspiel Kotzebue's Ritterschauspiel
„Die Kreuzfahrer" gewählt hatte, worin Iffland den Balduin von Eichen-
horst spielen sollte. Graf Hahn selbst spielte den Emir und die übrigen
Rollen waren durch Mitglieder benachbarter adeliger Familien besetzt, so
daß Iffland in vornehmer Gesellschaft gastirte. Als der Künstler in die
Garderobe trat, um sich zur Vorstellung anzukleiden, gewahrte er auf
seinem Platz eine vollständige Ritterrüstung von gediegenem Silber.
Erstaunt fragte er den vor Freude strahlenden Grafen: „Soll ich den
Balduin in dieser kostbaren Rüstung spielen?" und Graf Hahn erwiderte:

wurden, ist erklärlich: Schon im Jahre 1808 wurde er unter
Kuratel gestellt und mit einer Jahresrente von 6000 Reichsthalern
abgefunden. Aber alles dies konnte seine Leidenschaft für das
Theater nicht im Geringsten abkühlen.

Auf die Dauer genügte dem Grafen seine Liebhaberbühne nicht;
er wollte mit wirklichen Künstlern auf einem wirklichen Theater ver=
kehren. Da ihm dies in Schwerin durch den Herzog Friedrich
Franz I. unmöglich gemacht war, ging er nach Altona, wo er sich
dem von Doctor Albrecht und Friedrich Lyser geleiteten Theater
anschloß. Doch war dieses Mal sein Aufenthalt in Altona nicht
von langer Dauer; die französische Okkupation rief ihn auf seine
Besitzungen zurück, auf denen er bis zum Ausbruch der Freiheits=
kriege still und zurückgezogen lebte. Die großen Kämpfe machte er
als Adjutant des Generals Tettenborn mit und zog mit diesem im
Jahre 1814 in Hamburg ein. Dort nahm er seinen Abschied, um
mit dem Schauspieler Ruhland zusammen das Altonaer Stadttheater
zu leiten. Für diese Bühne begann nunmehr eine zwar kurze aber
außerordentlich glänzende Periode. Graf Hahn verstand es, eine
wohlgeschulte Truppe zusammenzubringen und Gastspiele der ersten
Künstler der damaligen Zeit zu veranlassen, die selbstverständlich aufs
Beste honorirt und aufs Reichste beschenkt wurden. Außerdem wurden

---

„Der König der Schauspielkunst möge sie als sein Eigenthum auch in
anderen Rollen tragen." Nach der Vorstellung sandte er ihm nicht nur
die Rüstung, sondern auch noch einen kostbaren Brillantring auf sein
Zimmer.

Der Graf ließ von Remplin bis Berlin Relais legen und die schönsten
Pferde aus seinem Marstall führten seinen gefeierten Gast nach der
preußischen Hauptstadt zurück. Als nun das letzte Relais von vier
prächtigen Hengsten den Mimen glücklich nach der Charlottenstraße gebracht
hatte und der Wagen vor Jfflands Wohnung hielt, fragte der Kutscher
den Aussteigenden in breiter mecklenburgischer Mundart: „Wo schall ick
denn nu be Peer un'n Wag'n unnerbring'n?" „Ja, mein Sohn", versetzte
Jffland, „das weiß ich nicht, das ist Deine Sache!" Darauf der Wagen=
lenker: „Na, he mutt doch woll sülwst weeten, wohin he sien Tüg stell'n
will!" und damit übergab er dem erstaunten Jffland einen Brief vom
Grafen, der die Bitte enthielt, Wagen und Pferde als Andenken an
Schloß Remplin und dessen Besitzer anzunehmen.

neue Dekorationen gemalt und neue prächtige Garderobe in großer Zahl beschafft.¹) Aber schon nach einem Jahre zwang ihn eine enorme Schuldenlast, das Unternehmen aufzugeben und jahrelange Entbehrungen zu ertragen, um seine Gläubiger befriedigen zu können. Ebenso unglücklich verlief im Jahre 1820 die Direktionsführung des Grafen in Lübeck, wo er sich, zum Theil durch Mitleid bewogen, an die Spitze einer in große Noth gerathenen Truppe stellte. Um trotz seiner mißlichen Vermögenslage seiner Theaterleidenschaft fröhnen zu können, mußte er sich mit Wandertruppen begnügen, die einen geringen pekuniären Aufwand erheischten. Mit einer solchen zog er am Ende der zwanziger Jahre in Mecklenburg, Holstein und Pommern umher;²) und so führte ihn auch sein Weg nach Stralsund.

Dort stand zwar dem Namen nach an der Spitze des Theaters der Schauspieldirektor Anhold, welcher auch für sich die Konzession erbeten und erlangt hatte. Aber die Seele des ganzen Unternehmens und der eigentliche Leiter war wiederum Graf Hahn, wenn auch sein Name auf keinem Theaterzettel stand, in keiner Zeitungsannonce oder Recension zu finden war. Der Graf hat schon, wie oben bemerkt ist, im Jahre 1815 in Stralsund gespielt; auch im Sommer 1825 bemühte er sich um die Konzession, wurde aber abschlägig beschieden, da mit dem Direktor Krampe bereits ein Abkommen getroffen war. Dagegen stand im Herbst 1829 seiner Thätigkeit in Stralsund nichts im Wege. Die Graf Hahn'sche Truppe — man kann sie wohl füglich als eine solche bezeichnen —

---

¹) Der Graf zeichnete selber alle Kostüme vor, schnitt mit zu und nähte sogar mit den Schneidern um die Wette. Eines Tages trat der Schauspieler Lyser in die Garderobe und fand den Grafen, wie er eben ein köstliches, reich mit Gold gesticktes Gewand von geschorenem schwerem Sammt zerschnitt. „Ei, Herr Graf, rief der Künstler erstaunt, was machen Sie da?" „„Ich zerschneide meine Marschalls-Galla-Uniform, wir wollen einen Wappenrock für den Grafen Friedrich Wetter vom Stahl daraus machen!"" lautete die Antwort.

²) Während der Streifzüge des Grafen Hahn lebte seine Gemahlin, eine geborene von Behr, mit der er seit 1804 verheirathet war, mit ihrer Tochter, der später als Schriftstellerin berühmt gewordenen Gräfin Ida Hahn-Hahn, in Greifswald und darauf in Neubrandenburg.

eröffnete die Bühne am 20. September mit einem von Demoiselle Riese gesprochenen Prologe, dem das Töpfer'sche Lustspiel „Der beste Ton" folgte; sie spielte bis zum 16. März 1830 in Stralsund, ging darauf im Sommer nach Anklam und Putbus[1]) und kehrte im Winter 1830/31 nochmals nach Stralsund zurück.

Die Gesellschaft führte sich sogleich aufs Beste beim Publikum ein, und schon acht Tage nach dem Beginn der Vorstellungen konnte ein Kritiker schreiben: „Der Künstler-Verein, dessen Gegenwart wir uns erfreuen, und von dem der voraufgehende Ruf nicht zuviel gesagt hat, steht erhaben über alle ambulanten Schauspieler-Gesellschaften, die auf gut Glück ihr Heil in der Welt probiren, und ohne wirklichen Beruf zur Kunst sich wie Tagelöhner abquälen, das in Anspruch genommene Publikum und sich zu unterhalten. Frei von jenem hochfahrenden Eigendünkel, womit sich diese klassischen Zugvögel als einziges Surrogat bei dem steten Mangel an gründlichen Subsistenzmitteln das prosaische Leben fristen, und ewig grämlich die vandalische Menschheit wegen versagter Huldigung vor Phöbus goldenen Stuhl verklagen, findet jedes Mitglied unseres achtbaren Vereins seinen Lohn für künstlerische Bestrebungen in dem stillen Fortgang auf der rühmlichen Bahn, und

---

[1]) An der Gründung des Flecken Putbus hat Graf Hahn wesentlichen Antheil gehabt. Im Jahre 1815 besuchte er den Fürsten, seinen Universitätsfreund, und entwarf, entzückt über die herrliche Lage des Ortes, den Plan zur Schaffung eines Seebades. Der Fürst ging auf diesen Plan ein und noch in demselben Jahre begann eine rege Bauthätigkeit, um Wohnungen für die Fremden zu schaffen. Graf Hahn selbst errichtete ein Logirhaus, welches den größten Theil des jetzigen Hôtel „Fürstenhof" ausmacht. In den darauf folgenden Jahren soll der Graf dieses Logirhaus zweimal im Spiel an den Fürsten verloren und von ihm wiedergeschenkt erhalten haben. Endlich hat er es aber Schulden halber diesem doch dauernd überlassen müssen. Ebenfalls auf Anregung und unter Leitung des Grafen Hahn wurde in den Jahren 1817—1818 ein Wagenschauer des alten Reitstalls zum Theatersaal eingerichtet und dann in den Jahren 1819—1820 das noch heute benutzte hübsche Theater erbaut. In diesem ist Graf Hahn 1829 und 1830 als Direktor einer Schauspielertruppe aufgetreten. (Vergl. Spreer, „Malte, Fürst und Herr zu Putbus" in der Festschrift zur Feier des fünfzigjährigen Jubiläums des Königl. Pädagoginms zu Putbus.)

ist durch die solide Verfassung der Gesellschaft und die Fürsorge eines ihre Kunst beschützenden, wohlhabenden Mannes gegen Fortunas wechselnde Launen gesichert. Seinen Mitteln und schöpferischem Geiste, im Bunde mit einem Phönix, ist es auch gelungen, den scytischen Riesen, die drückende Unfreundlichkeit des Lokals, ritterlich in den Staub zu kämpfen, den Stall des Augias, womit unsere, durch Thaliens Ungunst und den Zahn der Zeit fast in Trümmer gesunkene Bühne zu vergleichen war, zu säubern und in einen heitern Tempel umzuwandeln. Das Innere des Theaters, durch eine lebhafte Farbe und einfache aber geschmackvolle Verzierungen der Logen gehoben, wird angenehm von einem strahlenden Kronenleuchter und Lampen, denen es nicht wie früherhin an Oel gebricht, erhellt, und das Spiel der Gesellschaft verräth mit weniger Ausnahme dem Zuschauer die Zöglinge der Camönen. Die Wahl der Stücke ist nicht überhebend, die Dekorationen befriedigen den billigen Kunstfreund, die Garderobe ist anständig, kurz Alles steht in solider Uebereinstimmung mit einander, und gewiß Keiner verläßt in seinen Erwartungen getäuscht das Haus. Das Aeußere desselben ist zwar gleich geblieben, und in seiner Düsterheit nicht unähnlich einer geschlossenen Loge der proscribirten Karbonari; aber um so überraschender ist das Innere, und Keiner lasse sich abschrecken, denn es geht durch Nacht zum Licht." — Und dieses günstige Urtheil blieb auch in der Folge bestehen, zumal da eine ganze Reihe bedeutender oder beliebter Novitäten geboten wurden; man gab nämlich am:

1829. 23. September. „Der Schnee." Oper von Auber.
   25. September. „Das Fest der Handwerker." Vaudeville v. Angely.
   11. November. „Die Schleichhändler." Lustspiel von Raupach.
   20. November. „Die schöne Müllerin." Oper von Paisiello.
1830. 10. Januar. „Hans Sachs." Schauspiel von Deinhardstein.
   14. Februar. „Prinz Friedrich von Homburg." Schausp. v. Kleist.
   10. März. „Die Stricknadeln." Lustspiel von Kotzebue.
   22. Oktober. „Die feindlichen Brüder." Lustspiel von Raupach.
   3. November. „Die Italiener in Algier." Oper von Rossini.
   12. November. „Die Verschwörung des Fiesko zu Genua." Trauerspiel von Schiller.
   19. November. „Pfeffer-Rösel." Schauspiel v. Charl. Birch-Pfeiffer.
   7. Dezember. „Der Zeitgeist." Posse von Raupach.

1831. 14. Januar. „Die Stumme von Portici." Oper von Auber.
7. Febr. „Hans Kohlhaas." Schauspiel v. Freiherrn v. Maltitz.
14. Februar. „Fra Diavolo." Oper von Auber.

Es gastirten unter Graf Hahn's Direktion in Stralsund Herr Steinsberg vom Revaler Theater, Frau Brockelmann aus Danzig, der Tenor Carl Räber vom Stadt-Theater in Posen, die Heroine Demoiselle Koppe, Frau Opel und Herr Hensel. Die Hauptkräfte der Gesellschaft, die im Ganzen 30 bis 40 Mitglieder gezählt haben wird, waren im ersten Winter Frau von Schmidlow, Demoiselle Riese, Madame Linker, Madame Heinsen und Madame Vollbrecht und die Herren Anhold, Linker sen. und jun., Corrabini, Vollbrecht, Peters und v. Schmidlow. Die meisten von ihnen waren sowohl im Schauspiel, wie in der Oper beschäftigt.[1]) Das Personal des zweiten Winters stand nicht ganz auf derselben Höhe.

Graf Hahn selbst ist in Stralsund auch mehrere Male aufgetreten, so in Wolffs „Precioja" und als Edler von Langsalm im Kotzebue'schen Lustspiele „Der Wirrwarr", und wahrscheinlich auch als Samiel im „Freischütz", denn dies war seine ausgesprochene Lieblingsrolle. Ueberhaupt zog er diese Weber'sche Oper allen anderen Stücken bei Weitem vor, nicht wegen der Musik, sondern lediglich wegen der Wolfsschluchts-Scene, welcher er eine so vortreffliche Ausstattung zu geben pflegte, daß sie selbst von den Bühnen Berlins und Dresdens nicht übertroffen wurde.[2]) Er war eben im Grunde doch nichts weiter als ein leidenschaftlicher Dilettant und beurtheilte die Stücke nur danach, ob sich in ihnen ein Dekorations-Aufwand entfalten ließ oder nicht. So schätzte er von Goethe's Dramen nur den „Götz" wegen der vielen Verwandlungen und weil Perse darin

---

[1]) Im Juni 1830 gab im Stralsunder Schauspielhause, auf der Durchreise von Warschau nach Hamburg begriffen, Bosko große Kunstvorstellungen aus der natürlichen Magie und unterhaltenden Physik.

[2]) Es ist das Verdienst des Grafen Hahn gewesen, daß nach Berlin Lübeck die erste norddeutsche Stadt war, wo Webers „Freischütz" zur Aufführung kam. Der Komponist selbst erzählte, daß Graf Hahn einer jener wenigen Direktoren von Privat-Theatern gewesen ist, welche ihm sofort und aus freien Stücken ein anständiges Honorar für die Partitur seiner Oper gezahlt hätten.

ein ganzes Glasfenster zertrümmert; von Schiller nur die „Jungfrau" mit Rücksicht auf den Krönungszug und von Kleist nur das „Käthchen" des brennenden Schlosses halber. Sein Steckenpferd blieb es aber, wie Devrient erzählt, Donner und Blitz zu machen, Schüsse hinter der Szene abzufeuern, den Statisten Schnurrbärte zu malen und sie zu schminken, gelegentlich zu souffliren oder Theaterbesuchern die Eintrittskarten abzunehmen. Dies letztere hat er auch in Stralsund mit großem Eifer besorgt. Fast jeden Abend stand er unweit der Hausthüre in dem niedrigen Korridore, musterte die Besucher, begrüßte die ihm bekannten, hochstehenden Persönlichkeiten mit höflicher Verbeugung und verscheuchte auch wohl die sich am Eingange drängende neugierige Straßenjugend.

Noch eines Vorfalles aus der Spielzeit 1829/30 sei hier kurz gedacht. Graf Hahn hatte für die Schüler der oberen Klassen des Gymnasiums gestempelte Karten ausgegeben, durch deren Vorzeigen die jungen Leute Parterre-Billets zu ermäßigten Preisen erhielten. Die Primaner und Sekundaner machten von dieser Vergünstigung sehr ausgiebigen Gebrauch und zählten zu den eifrigsten Besuchern des Theaters. Sie warfen sich sogar zu Stimmangebern auf und nahmen für oder gegen diesen oder jenen Künstler Partei. Es ging diese Anmaßung so weit, daß die Schauspieler die Gymnasiasten geradezu fürchteten, denn von diesen hing es größtentheils ab, ob ein Schauspieler gerufen oder ob er ausgepocht wurde. Die Schüler begnügten sich aber mit dem Besuch des Theaters allein nicht, sie wollten auch persönlichen Umgang und Verkehr mit den Schauspielern haben und suchten diese daher vielfach in ihren Wohnungen auf. Alle Bemühungen der Lehrer, diesem Unfug zu steuern, fruchteten nichts und als eines Abends ein Sekundaner gegen das ausdrückliche Verbot seines Hausaufsehers, eines Gymnasiallehrers, das Theater besuchte und sogar während zweier Akte hinter den Koulissen verweilte, glaubte der Gymnasialdirektor das Scholarchat auf das tadelnswerthe Verhalten der ihm anvertrauten Zöglinge aufmerksam machen und um obrigkeitliche Abhülfe bitten zu müssen. Er wünschte, daß die Leitung des Theaters noch einmal auf die Ministeral-Verordnung, betreffend die Verhütung des Verkehrs der Schüler mit Schauspieler-Gesellschaften, hingewiesen und daß, um das Uebermaß des Theaterbesuches zu hindern, der Verkauf der billigen Eintrittskarten an die Gymnasiasten verboten würde. Von dem letzteren Vorschlage glaubte der Magistrat für dieses Mal absehen zu dürfen, da die Spielzeit — es war im Februar — ohnehin bald beendet sei. Man beschloß aber, in Zukunft den nach Stralsund kommenden Schauspieler-Gesellschaften sogleich bei ihrer Ankunft mitzutheilen, daß irgend welche Vergünstigung für die Schüler nicht weiter gestattet werden könne. Dagegen wurden Graf Hahn sowohl wie Direktor Anhold unter Vorlegung des erwähnten Ministerialrescriptes [1]) auf das Nachdrücklichste verwarnt, den Verkehr der Gymnasiasten mit ihrer Gesellschaft oder einzelnen Mitgliedern derselben auf keinen Fall zu dulden, widrigenfalls von

---

[1]) Das Circularreskript des Königl. Ministeriums des Innern und der Polizei vom 14. August 1824 an sämmtliche Königl. Regierungen, die Verhütung des heimlichen Verkehrs der Gymnasiasten und Schüler mit Schauspielergesellschaften betreffend, lautet:

Da in kurzer Zeit an zwei Orten Gymnasiasten heimlich zu concessionirten Schauspielergesellschaften übergegangen und von denselben als Mitglieder aufgenommen worden, diesem Unfug aber nicht nachgesehen werden kann, so wird die Königl. Regierung beauftragt:

1. sämmtlichen für ihren Bezirk jetzt und künftig concessionirten Schauspielunternehmern bei Vermeidung zuverlässiger sofortiger Cassation der ihnen ertheilten Concessionen zu untersagen, einen Verkehr der Gymnasiasten oder Schüler mit ihrer Schauspielgesellschaft oder deren Mitglieder zu dulden, oder wohl gar sie als Mitglieder, Lehrlinge, Gehülfen, oder unter irgend einem andern Schein und Namen in ihre Gesellschaft auf- oder sie mit sich zu nehmen, falls nicht der Vater oder Vormund zu dem Engagement seines Sohnes oder Mündels die Genehmigung bei der Ortspolizeibehörde schriftlich gegeben hat.

2. Alle Polizeibehörden, besonders die in Gymnasialstädten, anzuweisen, hierauf genau zu halten, und zu dem Ende bei der Ankunft und bei dem Abgang einer Schauspielergesellschaft das Verzeichniß der Mitglieder und Angehörigen derselben genau zu revidiren, und wenn sich dabei eine Contravention der vorstehenden Bestimmung ergeben sollte, dem Vorsteher der Schauspielergesellschaft die Concession ohne Weiteres abzunehmen und sie an die Königl. Regierung zur weiteren Beförderung an das Ministerium einzusenden.

der in dem Erlasse angedrohten Kassation der Konzession Gebrauch gemacht werden würde.

Am 27. Februar 1831 gab Graf Hahn seine letzte Vorstellung in Stralsund: Mozarts „Entführung aus dem Serail", welcher Oper eine von Demoiselle Riese gesprochene Abschiedsrede folgte; und wenige Tage später verließ der Graf die Stadt auf Nimmerwiedersehen. Die Ursache zu diesem plötzlichen Aufgeben der Direktion ist wohl auch in diesem Falle wiederum in einer beträchtlich angewachsenen Schuldenlast zu suchen. Jedenfalls wurde eine ganze Anzahl der ihm gehörigen Gegenstände, wie Dekorationen, Garderobe, Kronleuchter u. dergl. durch Pfändung in Stralsund zurückgehalten. Die Schlußrezension äußert sich wiederum sehr günstig über die von ihm geleitete Bühne: „Die Gesellschaft kann mit keiner anderen ambulanten Truppe verglichen werden, denn ihr Vorsteher brachte und bringt noch der Kunst solche bedeutenden Opfer, wie kein Schauspiel-Direktor vermögend ist. Daher war denn auch von ihr im Morgenblatt und anderen deutschen Zeitschriften häufig die Rede, und sie erregte die Aufmerksamkeit der Theater-Freunde im kunstliebenden Deutschland. Wahrlich lobenswerth für eine Mittelbühne, setzte sie hier die Stumme in Scene, und wagte sich mit Glück an die klassischen Stücke: „Emilia Galotti", „Kabale und Liebe", „Wilhelm Tell", „Fiesko" und „Don Carlos"." — Auch das Publikum sah den Grafen nur sehr ungern aus Stralsund scheiden; zählt doch die Zeit seiner Direktionsführung zu den glänzendsten Epochen der Stralsunder Bühne.[1]

[1] Graf Hahn gab während des Winters 1829/30 in Stralsund über 100 Vorstellungen. Von 95 derselben ist uns die Angabe der Taigeseinnahme erhalten. Die größte Einnahme, welche eine Vorstellung der „Jungfrau von Orleans" erzielte, betrug 149, die kleinste 14 Thlr. Neun Aufführungen brachten je über 100, 38 je unter 50 Thlr. Die Gesammteinnahme für 95 Vorstellungen war 5555 Thlr. Pomm. Cour. Ueber die Ausgaben des Grafen wird nichts berichtet; es wird nur kurz bemerkt, daß er im Allgemeinen zu splendid war und daß er nie gerechnet oder wenigstens nie kalkulirt hat. — Die Theater-Miethe betrug für den Abend 6 Reichsthaler. Ferner hatte sich der Besitzer des Schauspielhauses von dem Miether desselben als einen Theil des Miethsgeldes noch

Es ist wohl gestattet, den Lebensgang dieses merkwürdigen Mannes in Kürze bis zum Schluß zu verfolgen. Nach seinem Fortgange aus Stralsund lebte Graf Hahn einige Zeit in Mecklenburg. Dann verlegte er das Feld seiner Theater-Thätigkeit nach Mitteldeutschland, wo er während des Anfangs der dreißiger Jahre in den Städten Lauchstädt, Rudolstadt, Altenburg, Gera, Chemnitz, Meiningen, Magdeburg [1]) und Erfurt spielte. Das Jahr 1837 fand ihn abermals an der Spitze der Altonaer Bühne. Eine schwere Erkrankung zwang ihn hier jedoch, seine Gesellschaft aufzulösen und für etliche Jahre seiner Passion zu entsagen. Diese Zeit der unfreiwilligen Muße verbrachte er zumeist auf seinem Stammgute Neuhaus. 1842 übernahm Graf Hahn das Kieler Stadttheater und ein Jahr darauf das Aktien-Theater auf St. Pauli in Hamburg. Dort entwickelte er in seinen Vorstellungen wiederum eine Pracht und einen Luxus, die geradezu Sensation erregten. Aber das Ende vom Liede war dasselbe, wie in früheren Jahren. Schon nach wenigen Monaten sah sich der Graf einer Schuldenlast von 40000 Thalern gegenüber und mußte abermals die Hülfe seines Sohnes anrufen, die dieser auch bereitwillig gewährte. Es folgten sodann einige Jahre der Ruhe in Mecklenburg. Anfang der fünfziger Jahre durchzog der Graf mit einer neuen Truppe Hannover und übernahm 1856 das Sommertheater in Sommerhude bei Altona. Hier sah man ihn noch im Silberhaar und mit alterthümlicher Brille an der Kasse sitzen und das Geld für die Billets einnehmen. Aber zunehmende Altersschwäche und ein schweres Gichtleiden zwang ihn, der Direktions-Führung zu entsagen und fesselte ihn ans Krankenzimmer. Doch auch hier noch blieb er seiner Liebhaberei getreu und schrieb zu seinem Vergnügen Rollen und Noten aus, bis man ihn am Morgen des

eine Loge im ersten und einige Billets des zweiten Ranges kontraktmäßig vorbehalten. — Die Preise der Plätze waren folgende: erster Rang 17 Sgr.; zweiter Rang 11½ Sgr.; Parterre 8½ Sgr.; Gallerie-Loge 6 Sgr.; Gallerie 3 Sgr. — Im Winter 1830/31 besuchten im Durchschnitt für eine Vorstellung nur etwa 225 Personen das Theater.

[1]) Graf Hahn gab die Direktion des Theaters zu Magdeburg nach zweimonatlicher Handhabung mit dem 1. Januar 1834 auf und übertrug sie an Herrn Bethmann.

Graf Hahn.

25. Mai 1857 vom Schlage getroffen todt im Bette auffand. Seine sterbliche Hülle ward nach Neuhaus überführt und dort im Erbbegräbniß der Familie beigesetzt.[1])

Nach dem Weggange des Grafen Hahn von Stralsund sank die Bühne dieser Stadt schnell von ihrer Höhe herab. Zunächst spielte seine Gesellschaft noch einige Wochen auf Theilung weiter und löste sich dann auf. Ein früheres Mitglied der Hahnschen Truppe,

---

[1]) Folgende charakteristische Anekdoten, die Meyer vom Grafen Hahn erzählt, mögen hier noch Platz finden. — Graf Hahn machte in Lübeck einmal eine Vermögenskrisis durch, die ihm weiter nichts übrig ließ, als einen anständigen Unterhalt in einem der besseren Gasthöfe Lübecks; dafür hatten die Angehörigen des Grafen gesorgt; baares Geld aber und selbst die Mittel zu solchen zu gelangen, waren ihm vollständig abgeschnitten. Aber auch in dieser Zeit wollte der Graf Umgang mit den Bühnenkünstlern pflegen und die Freude haben, sie zu bewirthen. Um dieses zu ermöglichen, sagte er dem Wirthe, daß er sich unwohl fühle und deshalb während der nächsten Tage nur mit einer Suppe des Mittags vorlieb nehmen werde, daß er sich aber die Nachlieferung seiner Mahlzeiten und des dazu gehörigen Weines vorbehalte. Hatte er nun in Folge seiner Enthaltsamkeit eine Anzahl von Couverts erspart, dann bat er seine Lieblinge vom Theater zu Tische und ließ reichlich auftragen, was er sich selbst eine Woche lang entzogen. War dann von den eingeladenen Schauspielern in einigen vergnügten Stunden das Guthaben des Grafen verpraßt worden, so fühlte sich dieser wieder unwohl und schon am nächsten Morgen konnte sein Magen nur eine leichte Suppe aufnehmen. — In Hamburg kam es vor, daß Graf Hahn schon lange keine Gagen mehr hatte zahlen können; er selbst litt Mangel an Allem; wie er überhaupt für seine Person außerordentlich geringe Ansprüche machte. Eines Morgens trat ein Schauspieler in das Zimmer des Grafen und forderte auf eine brutale Weise sein Guthaben an Gage. Der Graf bat höflich, daß er sich nur noch einige Tage gedulden möge. „Herr, ich habe nichts zu essen!" brüllt der Mime. „Ah! das ist etwas Anderes," erwiderte höflich der Graf, „da müssen Sie bei mir essen, denn ich bin ja demnach reicher als Sie." Dabei zog er die Thüre eines Schrankes auf, holte einen Teller hervor, worauf sich einige kalte Kartoffeln und ein Stück Hering befanden. „Hier essen Sie mein Mittagbrot." Der Schauspieler entfernte sich roth vor Scham. — In Verden mußte ihn sein Theaterdiener, um ihn dem Personalarrest zu entziehen, zum Fenster hinaus an einer Waschleine zwei Stock hoch hinablassen. — In Lübeck wurde dem Grafen einmal auf der Straße der Schlafrock ausgezogen und abgepfändet.

F. A. Opel, sammelte etwa ein Dutzend der Schauspieler um sich, zog mit ihnen in der Provinz umher und gab dann vom 14. November 1831 bis Ende April 1832 in Stralsund Vorstellungen.¹) Darauf begann für das Komödienhaus ein beständiges Kommen und Gehen der verschiedensten Truppen.

Diese Wandergesellschaften hatten noch denselben Charakter beibehalten, den sie seit 100 Jahren besaßen. Aber die Disziplin des

---

¹) Zur Rentabilitäts-Berechnung des neu zu bauenden Schauspielhauses stellte Direktor Opel im Frühjahr 1832 einen Etat auf. In der Voraussetzung, daß die Zahl der Gesellschaft aus höchstens 14 Personen bestände, mit welchen gute Schau-, Lust- und Singspiele gegeben werden könnten, mußten Opels Meinung nach folgende Fächer besetzt und bezahlt werden:

Pr.-Crt.

1. Das Fach der ersten Liebhaberin und Heldin, zugleich auch Sängerin, monatlich . . . . 32 Rthlr.
2. Das Fach einer zweiten Liebhaberin und Heldin, zugleich auch Sängerin . . . . 24 „
3. Das Fach eines ersten Liebhabers und Sängers . . . . 32 „
4. „   „   „   zweiten   „   „   „   . . . . 28 „
5. „   „   „   ersten Vaters   „   „   . . . . 28 „
6. „   „   „   zweiten Vaters und zugleich guten Bassisten 24 „
7. „   „   „   Buffos für Stücke und Oper . . . . . 28 „
8. „   „   einer naiven Liebhaberin und Soubrette, ebenfalls Sängerin . . . . 20 „
9. Das Fach einer Mutter, ebenfalls Sängerin . . . . . 24 „
10. Zwei junge Schauspielerinnen für Nebenrollen im Stück und der Oper . . . . 24 „
11. Zwei junge Schauspieler für Nebenrollen im Stück und der Oper . . . . 24 „
12. Souffleur . . . . 16 „

Also monatlich: 304 Rthlr.

Tageskosten:

Für das Haus . . . . 7 Rthlr.
Musik . . . . 5 „
Beleuchtung . . . . 4 „
Zettel . . . . 2 „ 25 Sgr.
Billet-Abnehmer, Zettelträger, Feuerwache, Schneider, Theatermeister, Friseur und andere Kleinigkeiten 3 „

21 Rthlr. 25 Sgr.

Zunftzwanges war daraus gewichen und damit Alles, was diesen Banden bei ihrer Bettelhaftigkeit eine achtungswerthe Haltung gegeben. Im Allgemeinen war das Wesen dieser ambulanten Theater treffend durch den jetzt gebräuchlichen Beinamen der Schmieren bezeichnet; nichts als der Schmutz der alten Zustände war ihnen geblieben. Die Regierungen und Magistrate fuhren fort, durch Konzessionsertheilungen ohne Maaß und Bedenken den Unfug zu nähren und die Augen gegen alle Uebel zu verschließen, welche nothwendig daraus entstehen mußten.[1])

Im September und Oktober 1832 spielte in Stralsund der Direktor Carl Gerlach mit der Stettiner Schauspieler-Gesellschaft, die sich vorher in Putbus aufgehalten hatte; sein Nachfolger war von Ende Februar bis Ende April 1833 wiederum Direktor Opel; vom 6. September bis Mitte Oktober 1833 verweilte dann wieder Direktor Gerlach in Stralsund; Anfang Dezember spielte Direktor August Wilhelm Brede und von Mitte Dezember bis Mitte Januar 1834 nochmals Opel.[2]) In die Zwischenzeit fallen wie gewöhnlich Schaustellungen anderer Art.[3])

Diese letzten Jahre zählen zu den traurigsten Zeiten der älteren Stralsunder Theatergeschichte. Schon der häufige Wechsel der armseligen Gesellschaften ließ ein nur einigermaßen ansprechendes Repertoire nicht aufkommen und die Truppen, schwach an Zahl und auf das Unvollkommenste organisirt, begnügten sich zumeist mit der Darstellung von Einaktern. Novitäten von einiger Bedeutung kamen gar nicht mehr zur Aufführung. Man kann sich daher nicht wundern, wenn das Publikum das Interesse an theatralischen Veranstaltungen schnell verlor und den Besuch des Komödienhauses vollständig ver-

---

[1]) Vergl. Devrient, „Geschichte der deutschen Schauspielkunst". Bd. 4.

[2]) Opel ist unter der Direktion Pethmanns bis Ende der dreißiger Jahre noch wiederholt auf der Stralsunder Bühne aufgetreten. Er verbrachte den Rest seines Lebens in Stralsund und erwarb sich durch Verkauf von Siegellack kümmerlich seinen Lebensunterhalt.

[3]) Ende August 1832 gab im Schauspielhause Aluis Teodorovich, erster Herkules und Modell der Akademien von Mailand, Venedig und Wien Kunstvorstellungen seiner Stärke.

Ende Juni 1833 Vorstellungen des Metamorphosen-Theater des Mechanikus F. Müller.

nachlässigte; ereignete sich doch sogar der bis dahin in Stralsund unbekannte Fall, daß eine Vorstellung wegen mangelhaften Besuchs ausfallen mußte und die wenigen erschienenen Zuschauer ohne gehabten Kunstgenuß heimkehrten. Am 12. Januar 1834 fand die letzte Theater-Aufführung im alten Schauspielhause statt: man gab Grillparzer's „Ahnfrau". Ohne alles Bedauern sah man das Ende des alten Komödienhauses herannahen: war doch nach jahrelanger Mühe und Arbeit ein zwar kleines, aber schmuckes und zierliches neues Theater erstanden, das noch in dem selben Jahre feierlich eingeweiht werden sollte.[1]) Für Stralsunds Theatergeschichte ist das Jahr 1834 außerdem noch insofern von Bedeutung, als in ihm der Uebergang von den Wandertruppen zum stehenden Theater erfolgte.

Wenn auch vom 12. Januar 1834 ab das alte Schauspielhaus für dramatische Aufführungen keine Verwendung mehr fand, so stand es zunächst doch nicht ganz unbenutzt da. Im April 1834 traten daselbst die akrobatischen, athletischen Künstler und Bauchredner Jean Paul und Andre Davil vom Amphitheater zu Paris auf; im Juli desselben Jahres veranstaltete Rusche nebst Frau, Mitglieder vom Theater zu Lübeck, musikalisch-deklamatorische Abendunterhaltungen; Anfang April 1837 gab die Familie Stark aus Bayern große indianische Vorstellungen; dieser folgten im Juni desselben Jahres die Tyroler-Alpensänger Gredler, Hildebrandt und Fritzel. Im Februar und März 1839 ergötzte der Cirkus gymnasticus von Wolf & Dumon das Publikum mit Vorstellungen der höheren Reitkunst, Hippodromie und Gymnastik. Dies war die letzte öffentliche Schaustellung im alten Stralsunder Komödienhause. Dann stand es eine Reihe von Jahren hindurch als prächtiger Tummelplatz für die städtische Jugend da, die in dem weitläufigen alten Gebäude nach Herzenslust umhertollte und auch wohl hin und wieder theatralische Vorstellungen nachzuahmen suchte.

---

[1]) Das neue Schauspielhaus wurde am 28. August 1834 unter der Direktion Friedrich Bethmanns mit einem vom Schauspieler Winger gesprochenen Prologe und dem Lustspiel „Stille Wasser sind tief", von Schröder, feierlich eingeweiht.

Seit dem Beginn des neunzehnten Jahrhunderts hat das Haus mehrfach seinen Besitzer gewechselt, ohne daß einer derselben etwas Durchgreifendes für die Instandhaltung des Gebäudes gethan hätte. Aus der Konkursmasse der Loge kaufte es gegen das Jahr 1805 der Hofmarschall Achates von Platen[1]) auf Bollerun, dessen General=Bevollmächtigter in Stralsund der Kaufmann Reimer war. Platen bot im November 1815 der Stadt das Schauspielhaus zum Kauf an, wurde aber von dieser abgewiesen. Im Jahre 1827 erwarb der Kaufmann Peter Magnus Ljungbergh das Grundstück für 1340 Rthlr. und von diesem kaufte es 1838 der Besitzer des Hôtel de Brandenburg Gottfried Daniel Ehrenfried Claussen für 1681 Rth. Claussen richtete den an der Mühlenstraße belegenen Theil des Grundstückes zu einer großen Ausspannung für die bei ihm absteigenden Gutsbesitzer ein, während das eigentliche Komödienhaus zum Heumagazin bezw. Eiskeller degradirt wurde.

Im Frühjahre 1851 bemühte sich die Stadt, das Grundstück für Schulzwecke zu erwerben. Da aber Claussen 8000 Thaler verlangte und die Stadt diese Forderung zu hoch fand, so unterblieb für dieses Mal der Kauf. Zwei Jahre später wurden die Verhandlungen wieder aufgenommen. Claussen forderte jetzt 6400 Thaler — bei einem Areal von 13300 Quadratfuß also etwa 15 Sgr. für den Quadratfuß, — und die Stadt, welche sich vergebens bemühte, 400 Thaler abzuhandeln, erwarb für diesen Preis am 18. März 1853 das Grundstück. Da sich die städtischen Körperschaften nicht sogleich über eine günstige Ausnutzung des Terrain schlüssig werden konnten, wurde es zunächst für 81 Thaler an den Fuhrherrn Hopp vermiethet. Im Sommer 1854 begann man dann auf dem nach der Mühlenstraße zu gelegenen Theile des Grundstücks ein großes dreistöckiges Schulgebäude aufzuführen, welches einschließlich des Hofraumes etwa zwei Drittel des ganzen Flächeninhaltes des früheren Logen=Besitzthums einnimmt. Dieses Schulhaus beherbergte von 1856 bis 1875 die städtische Realschule und nahm dann, als

---

[1]) Achates Carl von Platen, geboren 1752 in Westmanland (Schweden), Landrath in Pommern 1788, Hofmarschall 1797, General=Kriegskommissar 1805, Freiherr 1815, gestorben 1832 in Schonen.

118 Abbruch des alten Schauspielhauses.

letztere ihr jetziges Heim in der Bleistraße bezog, die städtische Töchterschule auf. Seit dem Jahre 1869, in welchem die alte Bezeichnung der Häuser nach den Stadtquartieren aufgehoben wurde, trägt dieses Schulhaus die Bezeichnung Mühlenstraße Nummer 30.

Von dem anfangs gefaßten Plane, auch an der Mönchstraße ein Schulgebäude aufzuführen ging man bald ab und beschloß vielmehr, das alte Schauspielhaus wieder zu verkaufen. Drei im Herbst 1856 anberaumte Termine erzielten kein ausreichendes Gebot. Inzwischen war das Haus vollständig zur Ruine geworden und befand sich in einem gefährlichen Zustande. Einzelne Theile des Mauerwerks, namentlich an der nach der Mönchstraße zu gelegenen Giebelwand hatten sich abgelöst und waren in das Innere hinabgestürzt; außerdem war das Dach sehr schadhaft. Da eine Sicherung gegen Unglücksfälle nur Kosten verursacht hätte, ohne das Gebäude dadurch werthvoller zu machen, und da das Haus, auch wenn es veräußert würde, doch auf jeden Fall hätte eingerissen werden müssen, so beschloß die Stadt, es auf Abbruch zu verkaufen. Dieser Abbruch fand im Jahre 1857 statt und ergab eine Einnahme von 505 Thalern. Der Platz wurde eingeebnet und durch einen Bretterzaun nach der Straße zu abgeschlossen. Vollendet waren diese Arbeiten, welche einen Kostenaufwand von 92 Thr. verursachten, gegen Ende 1857. Die Versuche, den so gewonnenen, etwa 4700 Quadratfuß großen Platz zu vermiethen, blieben ohne Erfolg. Doch wenige Monate später glückte der lange angestrebte Verkauf. Am 1. April 1858 erwarb der Maurermeister Gustav Möllhusen das Grundstück für 3000 Thaler und noch in demselben Jahre begann das damals neugegründete Bauunternehmungsgeschäft von Dehmlow & Möllhusen die Aufführung eines dreistöckigen Wohnhauses, das seit dem 1. April 1869 die Bezeichnung Mönchstraße Nr. 18 trägt.

So verschwand das alte Stralsunder Schauspielhaus, das seinen Besitzern, wie wir gesehen haben, oft schwere Sorge bereitet hat und in den letzten Jahrzehnten nur mit Mühe und Noth kümmerlich erhalten werden konnte. Das Gebäude wurde erst beseitigt, als es vollständig zur Ruine geworden war. Ruhmlos wie sein Entstehen war auch sein Ende: nicht um der Kunst förderlich zu sein, nicht

Schluß.

um die Bewohner Stralsunds zu bilden und zu veredeln, richtete man das Komödienhaus ein, sondern lediglich des materiellen Gewinnes, des Gelderwerbs halber. Dem ganzen Unternehmen wurde also von vornherein der Stempel des Geschäftes aufgedrückt. Diese Erniedrigung der Kunst wird keineswegs durch die Absicht der Gründer des Schauspielhauses gerechtfertigt, den Reingewinn, nach dem man übrigens stets vergebens ausschaute, zu einem wohlthätigen Zweck zu verwenden. Und doch knüpfen sich an das unscheinbare Gebäude in der Mönchstraße, von dem sich eine Ansicht leider nicht bis auf den heutigen Tag erhalten hat, werthvolle Erinnerungen; erlebten doch an dieser Stätte die Meisterwerke Shakespeares und Lessings, Goethes und Schillers ihre Erst-Aufführung in Stralsund, erklangen doch an dieser Stätte zum ersten Male die unsterblichen Melodien Mozarts und Webers, Aubers und Rossinis. Wie manche Künstler ferner, die zu den Ersten ihrer Zeit gezählt werden müssen, haben im alten Stralsunder Komödienhause gastirt. Standen auch die Leistungen vieler Schauspieltruppen auf einer sehr niedrigen Stufe, konnten sie selbst tief herabgestimmten Ansprüchen nicht immer genügen, so brachten doch auch tüchtige Direktoren — man erinnere sich nur der Namen Döbbelin und Tilly, Krickeberg und Krampe — Aufführungen zu Stande, welche einen wirklichen Kunstgenuß boten, denen das Publikum mit Vergnügen beiwohnte und denen es Anregung und Bildung verdankte. Zahlreiche Ereignisse und Erscheinungen endlich, denen ein kulturhistorisches Interesse innewohnt, stehen mit dem alten Stralsunder Theaterleben in engster Verbindung.

Unter ganz anderen Gesichtspunkten wie bei dem alten Komödienhause vollzog sich die Gründung des neuen Schauspielhauses. Als im Frühjahr 1831 Theater-Direktor Graf Hahn aus Stralsund fortging, fanden sich daselbst nur noch Wandertruppen allerniedrigsten Grades ein und die Stralsunder Theaterverhältnisse wurden bald gänzlich unwürdige und unhaltbare. Um dieser Kalamität ein Ende zu machen und der dramatischen Kunst ein würdiges Heim zu bereiten, entschloß sich eine Anzahl kunstsinniger und uneigennütziger Bürger, eine Theater-Aktiengesellschaft zu gründen, und ihren unablässigen und eifrigen Bemühungen gelang es, das neue Schauspielhaus zu schaffen, dasselbe Gebäude, welches auch heute noch theatralischen Veranstaltungen dient. Für die Gründung des neuen Stralsunder Schauspielhauses war lediglich die Unterstützung und Förderung der Kunst maßgebend und entscheidend.

Ueberaus opferfreudig waren die Männer, welche sich zur Gründung des neuen Theaters zusammenthaten. Wir haben oben gesehen, daß fast alle Stralsunder Theater-Direktoren, sowohl im achtzehnten wie im neunzehnten Jahrhundert mit großen finanziellen Schwierigkeiten zu kämpfen hatten, daß viele in Konkurs geriethen und selbst die Miethe für das Theater-Gebäude nicht bezahlen konnten. Im Hinblick auf diese Verhältnisse erschien für die Aktionäre ein materieller Gewinn, ein klingender Entgelt für die gebrachten Opfer von vornherein gänzlich ausgeschlossen. Und in der That haben sie auch niemals irgend welche Zinsen von dem eingezahlten Kapital erhalten, haben sie sogar letzteres bei der schließlich erfolgenden Zwangsversteigerung des Gebäudes vollständig verloren. Jedenfalls hatten sie aber die Genugthuung, daß im ersten Jahrzehnt nach der Eröffnung des neuen Schauspielhauses die Stralsunder Bühne unter Friedrich Bethmanns Leitung eine geachtete Stellung einnahm und eine große Zahl würdig und gut vorbereiteter Vorstellungen brachte. Später sank dann die Stralsunder Bühne ziemlich schnell wieder von ihrer Höhe herab und es drohten sogar Anfang der sechsziger Jahre Verhältnisse einzureißen, die an die traurigsten Zeiten des alten Komödienhauses erinnerten. Da entschloß sich im Jahre 1865 die Stadt, welche Gelder zum Bau hergegeben hatte, das Schauspielhaus käuflich zu erwerben und die Verwaltung desselben selbst in die Hand zu nehmen. Von diesem Zeitpunkt ab datirt wiederum ein neuer Aufschwung der Stralsunder Bühne.

Namen- und Sachregister.

Namen- und Sachregister.

Abkürzungen: Dr. Drama; Lsp. Lustspiel; Op Oper; Opte. Operette; P. Posse; Sch. Schauspiel; Schw. Schwank; Sgsp. Singspiel; Tr. Trauerspiel; Baud. Vaudeville; Blkst. Volksstück.

A.

„Abällino, Der große Bandit". Tr. 71.
„Abällino der Zweite". Lsp. 75.
„Abend im Posthause, Der". Lsp. 88.
Abgaben der Stralsunder Theater-Direktoren. 15, 16, 18, 51, 76, 80, 81, 82, 111.
„Abwesenheit macht Zwist". 54.
„Achmet und Zenide". Sch. 85.
Ackermann, Direktor. 41.
„Adelheid von Mulfingen". Sch. 59.
„Advokaten, Die". Sch. 71, 74.
„Ahnfrau, Die". Tr. 88, 116.
Alexis, „Der Sturm von Stralsund". 99.
„Aline, Königin von Golkonda". Op. 88.
„Alte Hexe, Die". Ballet. 69.
Amberg, Direktor. 43, 46, 49.
Amberg, Schauspielerin. 43.
„Amtmann Graumann". Sch. 54.
Anfang der Vorstellungen. 34, 79.
Angely „Sieben Mädchen in Uniform". 98.
„Das Fest der Handwerker". 107.
Anhold, Direktor. 105, 108.
Anklam. 92, 95, 96, 98, 106.
Anleihen der Freimaurer. 30 u. 31.
Apel, Sänger. 79.
„Apollo unter den Hirten". Prolog. 42.
Arendt, Schauspieler. 69.
„Ariadne auf Naxos". Op. 79.
Arnold, Schauspieler. 40, 46.
Arresto, Schauspieler u. Direktor. 78, 86.
„Die Befreiung Moskaus". 83.
„Die Soldaten". 87.
„Arzt seiner Ehre, Der". Tr. 97.

Aft „Max und Anne". 38.
„Der Kapellmeister". 38.
Auber „Maurer und Schlosser". 99.
„Der Schnee". 107.
„Die Stumme v. Portici". 108, 111.
„Fra Diavolo". 108.
„Aufruhr der Jesuiten, Der". Tr. 75.
„Axel und Walburg". Tr. 96.

B.

Babo „Die Mahler". 54.
„Otto von Wittelsbach". 93.
Bachmann, Schauspieler. 92, 95.
Bachmann, Schauspielerin. 92, 95.
Baden-Durlach'sche Hof-Komödianten. 20.
Ballette. 27, 38, 39, 46, 69 u. 70, 85, 86, 95.
Ballhäuser. 28.
Bankerott der Theater-Direktoren. 49.
„Barbier von Sevilla, Der". Op. von Benda. 54.
„Barbier von Sevilla, Der". Op. von Paisiello. 82.
„Barbier von Sevilla". Op von Rossini. 98.
Bartholdi, Rathsherr. 65.
Barth. 78.
Barzanti, Direktor. 42.
Basel. 27.
Baudins, Schauspielerin. 92.
„Baum der Diana, Der". Op. 71.
Bäck, Schauspielerin. 27.
„Bär und der Bassa, Der". Vaud.-Burleske. 96.
Bäuerle „Die Bürger in Wien". 97.

Beaumarchais, „Eugenie". 41.
„Die Hochzeit des Figaro". 55.
Beck, „Das Kaméléon". 78.
Becker, Sängerin. 85.
„Befreiung Moskaus, Die". Sch. 83.
Beil, „General Curt von Spartau". 85.
Beinhöfer, Schauspieler. 90. 91.
Bekanntmachungen, obrigkeitliche, s. Verordnungen.
Benda. 87.
„Der Barbier von Sevilla". 54.
„Ariadne auf Naxos". 79.
Bentzin, Bürgermeister. 65.
Berg, Direktor. 79.
Bergen a. R. 81.
Berger, Direktor. 39. 46. 49.
Berton, „Aline Königin von Gollonda". 88.
Berwald, Musikdirektor. 74.
„Beschämte Eifersucht, Die". Lsp. 82.
Besitzer des alten Stralsunder Schauspielhauses. 30. 31. 75. 117. 118.
Bethmann, Direktor. 116.
Bethmann, Schauspieler. 92.
Biel, Rathsherr. 65.
„Bilb, Das". Tr. 96.
Binn, Schauspieler. 97.
Birch-Pfeiffer „Pfeffer-Rösel". 107.
Blum, „Der Bär und der Bassa". 96.
Blumenfeld, Sänger. 100.
Blümel, Schauspieler. 95.
Blümel, Schauspielerin. 95.
Boieldieu 87.
„Johann von Paris". 88.
„Klein Rothläppchen". 96.
„Die weiße Dame". 99.
Bork, Schauspieler. 69.
Bosko, Taschenspieler. 108.
Brandes, „Olivia". 44.
Brauer-Kompagnie. 14. 17. 18. 28. 31. 83. 85. 87.
Braun, Schauspieler. 69.
„Braut und Bräutigam in einer Person". Lstp. 96.
„Braut von Messina, Die". Tr. 97.
„Brauttanz, Der". Lsp. 99.

„Bräutigam aus Mexico, Der". Lsp. 96.
Brede, Schauspieler. 92.
Brede, Schauspielerin. 92. 95.
Brede, Direktor. 115.
Breede, Wilhelm, Direktor. 81 ff., 87 ff.
Breede, Schauspielerin 89.
Breede, August, Schauspieler. 90.
Bredow, Direktor. 85.
Brenner, Schauspieler. 46.
Brockelmann, Schauspielerin. 108.
Bromberg, Weinhändler. 39.
Brühl, „Das Findelkind". 67.
Budemann, Schauspieler. 92.
Budemann, Schauspielerin. 92.
Buscheuheuer, Balletmeister. 87. 95.
Buschmann, Sekretär. 45. 65.
„Bürger in Wien, Die". Lsp. 97.
Büttinger, Musik-Direktor. 95.

C.

„Cadet Roussell homme de lettre". Comédie. 79.
„Caesario". Lsp. 82.
Calderon „Das Leben ein Traum". 95. 96.
„Der Arzt seiner Ehre". 97.
Caforti, Direktor. 76.
Caforti, Balletmeister. 98.
Cederström, General-Gouverneur. 75.
Censur. 63 u. 64.
Charisien, Meister vom Stuhl. 28. 30.
Cherubini, „Der Wasserträger". 88.
Chiarini, Direktor einer Pantomimiker-Gesellschaft. 100.
Classen, Rathsherr. 65.
Clauren, „Der Abend im Posthause". 88.
„Der Bräutigam aus Mexiko". 96.
„Der Brauttanz". 99.
„Das Doppel-Duell". 96.
„Das Gasthaus zur golb. Sonne". 96.
„Das Vogelschießen". 88.
„Der Wollmarkt". 98.
Claussen, Hôtel-Besitzer. 117.
„Clavigo". Tr. 61. 97.
„Clementine". Sch. 82.
„Cobrus". Tr. 41.
Colberg, Protonotarius. 65.

Concerte. 39, 52, 79, 85, 87, 96, 100
Corradini, Schauspieler. 99, 108
Conriol, Direktor. 98.
Cronegk, „Codrus". 41.
Curioni, Balletmeister. 27.
Curioni, Schauspielerin. 27.
Cynas, Schauspielerin. 46.
Cynas, Schauspieler. 46.

D.

Dänholm, Insel. 85.
Dauer der Spielzeiten. 96, 98.
David, Akrobat. 116.
Dehmlow, Maurermeister. 118.
Deinhardstein, „Hans Sachs". 107.
Dekorationen. 22, 38, 107.
Delley, Schauspieler. 68.
Demmer, Schauspieler. 78.
Demmer, Schauspielerin. 78.
Dennebecq, Taschenspieler. 92.
Denner, Prinzipal. 14.
Deny, Schauspieler u. Schauspielerin. 81
„Deserteur, Der". Dr. 42
„Deserteur, Der". Op. 54.
Destouches. 26.
„Deutsche Hausfrau, Die". Sch. 85.
Deutsche Operisten. 39.
Deutsche Schauspielergesellschaft. 53, 74.
„Deutsche Treue". Sch. 85.
„Dienstpflicht". Sch. 71.
Dinnies, Bürgermeister. 65.
Dittersdorf. 57. „Doctor und Apotheker". 59.
 „Hieronimus Knicker". 61.
 „Das rothe Käppchen". 61.
Döbbelin, Carl Theophilus, Direktor. 41.
Döbbelin, Karl Konrad Kasimir, Direktor. 75, 76.
Doberan. 69, 71, 72, 77.
„Doctor Martin Luther". Sch. 82.
„Doctor Johann Faust". Tr. 85.
„Doctor und Apotheker". Op. 59.
Dogen, Schauspieler. 95.
Dogen, Schauspielerin. 95.
„Don Carlos". Tr. 66, 82, 111.
„Don Juan". Op. 75.
„Donauweibchen, Das". Op 78.

„Donna Diana". Lsp. 96.
„Doppel-Duell, Das". Lsp. 96.
„Dorfbarbier, Der". Op. 96.
Dorne von, Oberkammerherr. 76.
„Drey Buckligen, Die". Opette. 39.
Dumon, Circusdirektor. 116.

E.

Eckenberg, Cornelie von, Prinzipalin. 22.
Eggers, Schauspieler. 92.
Egree, Schauspieler-Familie. 96.
„Ehrenwort, Das". Lsp. 67.
„Eifersüchtige Frau, Die". Lsp. 95.
Einheimische Dichter. 45.
Eintrittspreise. 37, 38, 40, 112.
Ekhof, Schauspieler. 21, 25.
„Emilia Galotti". Tr. 43, 111.
Engelmayer, Schauspieler. 40, 41.
Englische Komödianten. 11.
„Entführung aus dem Serail, Die". Op. 71, 82, 86, 111.
Epiloge s. Prologe.
„Er trieb wirklich den Teufel aus". Lsp. 54
Erasmus, Stadtzimmermeister. 74.
Erdmann, Schauspieler. 46.
Eicherich, Kapellmeister. 42.
 „Der Kobold". 45.
Ettinger, Schauspieler. 40.
„Eugenie". Dr. 41.
Eulenberg, Schauspielerin. 40.
Eunier, Prinzipal. 25 u. 26.
Eutin. 57.

F.

Fabricius, Rathsherr. 65. Syndikus. 75
„Familie Lonau, Die". Lsp. 78.
„Fanchon, das Leiermädchen". Op. 82.
Fechthäuser. 28.
Fehlau, Theatermeister. 95.
„Feindlichen Brüder, Die". Lsp. 107
Feubler, Direktor. 57, 66.
Ferrari, Harfenistin. 100
„Fest der Handwerker, Das". Vaud. 107.
„Figaros Hochzeit". Op. 98.
Finanzielle Schwierigkeiten der Theater-

Direktoren. 49, 53, 61, 67, 69 ff. 71, 80, 81, 88, 92, 111.
"Findelkind, Das". Lsp. 67.
Fischer, Schauspieler und Dichter. 45.
Fischer, Schauspielerin. 57.
"Fluch und Segen". Dr. 96.
Fourneau, Schauspieler. 69.
Förster, Schauspieler und Prinzipal. 15.
"Fra Diavolo". Op. 108.
Frank, Theatermeister. 92, 95.
Frank, Schauspielerin. 92.
Franke, nordischer Herkules. 96.
Französische Tänzer. 27.
Freibillets. 81.
Freimaurerloge. 28, 30 und 31, 75, 117.
"Freischütz, Der". Zauberfp. v. Riesch. 96.
"Freischütz, Der". Op. 96, 108.
Friedland. 92.
Fritzel, Tyroler Alpensänger. 116.
"Fureurs de l'amour". Tragédie burlesque. 79.
Fux, Schauspieler. 69.
"Fünf glücklichen Nummern, Die". Lsp. 42.
"Fürst und der Bürger, Der". Dr. 97.
"Fürstengröße". Sch. 61.

G.

Gagen-Etat. 49, 69, 114.
"Gasthaus zur goldnen Sonne, Das". Lsp. 96.
Gastspiele. 57, 81, 83, 85, 86, 87 u. 88, 96, 97, 99, 108.
"Gaßner der Zweite". Lsp. 54.
Gantier, Direktor. 74.
Gautier, Direktor einer Pantomimiker-Gesellschaft. 100.
"Geächteten, Die". Vaterl. Gemälde. 99.
Gebel, Prinzipal 13.
"Gefahren der Verführung, Die". Sch. 54.
Gehrmann, Prinzipal 18.
"Geheimniß, Das". Op. 82.
Geistlichkeit gegen das Theater. 16, 18.
Gellert. 26.
General-Gouvernenre. 55, 62, 64, 65.
"General Curt von Spartau". Sch. 85.
Gerlach, Direktor. 115.

Gilly, Direktor. 38.
Gleichner, Schauspielerin. 46.
Gley, Sängerin. 88.
Gluck, "Die Pilgrimmen von Mecca" Singsp. 59.
Göbel, Schauspieler u. Schauspielerin. 46.
Goethe 89.
"Clavigo". 61, 97.
Goldoni, "Der Lügner". 41.
"Der gutherzige Murrkopf". 54.
Gollmick, Opernsänger. 99.
Goßler, Opernsänger. 99.
Gotter, "Marianne". 45.
"Medea". 54.
Gottschalk, Mechanikus. 96.
Gottscheb. 26.
"Grabmal des Arlequin". Ballet. 39.
"Graf von Burgund, Der". Sch. 76.
Graun "Der Tod Jesu". 83.
Grebler, Tyroler Alpensänger. 116.
Greifswald. 41, 46, 53, 57, 66, 76, 83, 87 u. 88, 90, 92, 96, 98.
Gretry, "Zemire und Azor". 54.
"Der Zauberspiegel". 76.
"Richard Löwenherz". 82.
Grillparzer "Die Ahnfrau". 88, 116.
"Sappho". 93.
Groß, Schauspielerin. 92.
Groß, Schanpieler. 92, 95.
Gülich, Consynbikus. 65.
Güstrow. 42, 44, 71, 72, 77.
"Gute Mädchen, Das". Lsp. 55.
Gutermann, Direktor. 60 ff., 66.
"Gutherzige Murrkopf, Der". Lsp. 54.
Gymnasiasten, Theaterbesuch der. 109 und 110.

H.

Hagemann, Schauspieler und Dichter. 57, 79.
"Otto der Schütz". 61.
Hagemann, Rathsherr. 65.
Hagemeister, Rathsherr. 65.
Hagendorf, Schauspieler. 46.
Hahn, Graf, Direktor. 85, 86, 100—113.
Hambuch, Schauspieler. 95.
Hamburg. 25, 39, 40.

„Hamlet". Tr. 76.
„Hans Sachs". Sch. 107.
„Hans Kohlhaas". Sch. 108.
Hausing, Direktor. 76.
Hartmann, Schauspielerin. 95.
Hayd, Direktor. 85.
„Hedwig, die Banditenbraut". Dr. 93.
„Heinrich der Vierte". Sch. 59.
Heinsen, Schauspielerin. 108.
„Heirath durch ein Wochenblatt, Die". P. 71.
Helfert, Schauspieler. 69.
Helms, Schauspieler. 68.
Hensel, Schauspieler. 108.
Herkules, Bürgermeister. 65.
Herold, Schauspieler. 69.
Herzum, Schauspielerin. 99.
Hessenstein, Graf von, General-Gouverneur. 55. 64.
„Hieronimus Knicker". Op. 61.
Hildebrandt, Tyroler-Alpensänger. 116.
Hildeburghausen'sche Komödianten. 16 ff.
Hiller, „Die Jagd". 54.
„Der Teufel ist los". 75.
Himmel, „Fanchon, das Leyermädchen". 82.
„Hochzeit des Figaro, Die". Sp. 55.
Hof-Komödianten, s. Hofschauspieler.
Hoffmann, Schauspieler. 69.
Hoffmann, Schauspieler. 95.
Hofmann, Schauspieler u. Jagd-Sekretär. 54.
  „Abwesenheit macht Zwist". 54.
Hofschauspieler. 14. 20. 21. 22. 24. 25. 44. 59. 74. 77. 86 ff.
Holberg, „Der politische Kannengießer" 54.
Holm, Direktor 76.
Holm, Schauspielerin. 95.
Höltzel, Schauspieler. 27.
Holzwart, Prinzipal. 20.
Hopp, Fuhrherr. 117.
Hostowsky, Direktor. 57.
Hôtel de Société. 79.
Hôtel Brandenburg. 32. 117.
Houwald, „Fluch und Segen". 96.
  „Das Bild". 96.
  „Der Leuchtthurm" 97.
  „Der Fürst und der Bürger". 97.
Huber, Tanzmeister. 57.

Huber, Schauspieler. 46.
„Hugo Grotius". Sch. 78.
Huldigungsfeier. 86.
Hunnelius, Prinzipal. 13.
„Hypolit und Roswinda". Sch. 78.

J (i).

Iffland. 89. „Die Mündel". 55.
  „Die Jäger". 61.
  „Dienstpflicht". 71.
  „Die Advokaten". 71. 74.
  „Das Vermächtniß". 71.
  „Selbstbeherrschung". 78.
  „Die Familie Lonau". 78.
  „Achmet und Zenide". 85.
Ilgener, Direktor. 38. 44 ff. 49.
„Im Trüben ist gut fischen". Op. 71.
Israel, Rathsherr. 65.
„Italiener in Algier, Die". Op. 107.
Italienische Concertgesellschaft. 52.
Italienische Operisten. 27. 39. 53.
Italienische Tänzer. 76.

J (i).

„Jagd, Die". Op. 54.
„Jäger, Die". Sittengemälde. 61.
„Johann von Paris". Op. 88.
„Joseph in Aegypten". Op. 82.
Josephi, Prinzipal 27.
Jülich, Direktor. 87.
„Julius von Tarent". Tr. 45.
Julius, Schauspieler. 83. 97. 99. Gedicht an Julius. 99.
Jünger. 59.
„Jungfrau von Orleans, Die". Sch. 82. 89. 111.

K.

„Kabale und Liebe". Tr. 54. 55. 111.
„Kamäleon, Das". Lsp. 78.
„Kampf mit Gott fürs Vaterland, Der". Sch. 86.
„Kant". Tr. 41.
„Kapellmeister, Der". Opte. 38.
Kassel. 27. 60.

Kassenrapporte. 68, 111.
„Käthchen von Heilbronn, Das". Tr. 93, 94.
Kauer, „Das Donauweibchen". 78.
Kauffmann, Schauspieler. 99.
„Kaufmann von Venedig, Der". Lsp. 54.
Kempe, Schauspieler. 92.
„Kind der Liebe, Das". Sch. 61, 78.
Kindergesellschaft in Stralsund. 54, 57.
Kirchhoff, Schauspieler. 27.
Kirchhoff, Schauspielerin. 27.
„Klein Rothkäppchen". Op. 96.
Kleinschnel, Mechanikus. 100.
Kleist, „Das Käthchen von Heilbronn". 93, 94.
„Prinz Friedrich von Homburg". 107.
Klingemann, „Deutsche Treue". 85.
„Doctor Johann Faust". 85.
Klos, Schauspielerin, 68.
Klotschen, Schauspieler. 46.
„Kluge Frau im Walde, Die". Sch. 82.
Klüuber, Kaufmann. 71.
Knarth, Prinzipal 18.
Kobler, Tänzerfamilie. 97, 99.
„Kobold, Der". Op. 45.
Koch, Prinzipal 27.
Koch, Direktor. 41.
Koch, Altermann. 30.
Köhler, Schauspieler. 98.
Koller, Schauspielerin. 27.
Komödienhaus, s. Schauspielhaus.
Kompetenz-Streit zwischen Regierung und Magistrat. 17, 19, 22, 66.
„König Lear". Tr. 89.
Konzession. 17, 19, 22, 50, 71, 76, 81.
Koppe, Schauspielerin 95, 108.
Köpper, Schauspieler. 95, 97.
Köpper-Niebel, Schauspielerin. 95, 97, 100.
Körner, „Zriny". 85.
„Rosamunde". 87.
„Toni". 93.
„Hedwig, die Banditenbraut". 93.
„Korsen, Die", Sch 78.
Kossal, Schauspieler. 99.
Kostüm. 23 und 24, 58, 107.
Kotzebue. 79. „Die Sonnenjungfrau". 59.
„Adelheid von Wulfingen". 59.

„Menschenhaß und Reue". 61.
„Das Kind der Liebe". 61, 78.
„Der Mann von vierzig Jahren". 71.
„Das Schreibepult". 75.
„Abällino der Zweite". 75.
„Der Graf von Burgund". 76.
„Lohn der Wahrheit". 78.
„Die Kreuzfahrer". 78.
„Die Korsen". 78.
„Octavia". 78.
„Hugo Grotius". 78.
„Die kluge Frau im Walde". 82.
„Die deutsche Hausfrau". 85.
„Der Vetter aus Indien". 88.
„Die eifersüchtige Frau". 95.
„Verlegenheit und List". 96.
„Braut und Bräutigam in einer Person". 96.
„Die Stricknadeln". 107.
„Der Wirrwarr". 108.
Koulissen. 22.
Kramp, Schauspieler. 46.
Krampe, Schauspieler. 69.
Krampe, Direktor. 87, 92—97, 105.
Krampe, Mad., Schauspielerin 92, 95.
Krampe, Demoiselle, Schauspielerin. 92, 94, 95.
Kratter, „Das Mädchen von Marienburg". Sch. 61.
„Kreuzfahrer, Die". Sch. 78.
Krickeberg, Theater-Direktor. 77 ff., 86.
Krickeberg, Schauspielerin. 78.
„Krieg mit dem Onkel, Der". Lsp. 90.
Kriesen, Direktor. 80 ff.
Kritik. 46, 89 und 90, 95, 106, 111.
Kübler, Theater-Direktor. 67 ff., 74.
Kühl, Syndikus. 65.
Kühl, Rathsherr. 65.
Kühnel, Schauspieler. 69.
Kunniger, Prinzipal. 25 und 26.

L.

Landestrauer. 41, 60, 87.
Laube „Max und Anne". 38.
„Der Kapellmeister". 38.
„Leben ein Traum, Das". Sch. 95, 96.

Namen- und Sachregister.

Leisewitz, „Julius von Tarent". 45.
Lenz, Kunstreiter. 79.
Leppert, Prinzipal. 26 ff., 31. 36 ff.
Lessing, G. E. 45. „Miß Sara Sampson". 41. „Der Schatz". 42.
„Emilia Galotti". 43, 111.
Lessing, K. G., „Der Lotteriespieler". 42.
„Leuchtthurm, Der". Tr. 97.
Levenhagen, Bürgermeister. 65.
Liebhabergesellschaften. 54. 57. 78. 79.
„Lieberhaber von allen Frauenzimmern, Der". Optte. 39.
Lindner, Schauspieler. 40.
Lindner, Musikdirektor. 92.
Lindner, Madame und Demoiselle, Schauspielerinnen. 92.
Linker, Schauspielerin. 108.
Linker, Schauspieler. 108.
Lion, Direktor. 59.
Ljunnbergh, Kaufmann. 117.
„Lohn der Wahrheit". Sch. 78.
Loof, Schauspieler. 46.
„Lorbeerkranz, Der". Sch. 75.
Lorentz, Prinzipal. 24.
Lorenzische Kindergesellschaft. 57.
Lotterien. 30.
„Lotteriespieler, Der". Lsp. 42.
Löwe, Souffleur. 92. 95.
Lübeck. 26. 40. 44. 47. 57. 60. 81. 82.
Lucius, Schauspielerin. 27.
„Lügner, Der". Lsp. 41.
Lük, Schauspieler. 27.

M.

„Mädchen von Marienburg, Das". Sch. 61.
Maaß, Prinzipal. 20.
Maaß, Direktorin. 79.
„Macbeth". Tr. 59.
Macconi, Musiker. 85.
Magistrat zu Stralsund. 16. 17. 19. 21. 62. 65. 66. 73.
„Mahler, Die". Lsp. 54.
Maltitz, „Hans Kohlhaas". 108.
„Mann von vierzig Jahren, Der". Lsp. 71.
„Maria Stuart". Tr. 78.

„Mariage forcé". Comédie. 79.
„Marianne". Tr. 45.
Marionettenspieler. 18. 21.
Martin y Solar, „Der Baum der Diana". 71.
Massow von, geb. Vio, Schauspielerin, 96. 97.
Massow, v., Schauspieler. 92. 93. 96. 97.
Maskenbälle. 31. 36. 37. 51. 58. 60. 88.
„Matz und Anne". Optte. 38.
„Maurer und Schlosser". Op. 99.
Mecklenburg. 13. 46. 66. 87.
Mecklenburg-Schwerinsche Hof-Schauspieler-Gesellschaft. 77 ff., 86 ff.
Meißelbach, Direktor. 81.
„Medea". Dr. 54.
Mehul „Das Geheimniß". 82. „Joseph in Aegypten". 82.
„Menschenhaß und Reue". Sch. 61.
Mercier, „Der Deserteur". 42.
„Merope". Tr. 54.
Meyer, Schauspielerin. 68.
Michaeli, Schauspielerin. 95.
Milano, Schauspieler. 69.
Milanow, Balletmeister. 71.
Ministeresky, Musiker. 85.
„Miß Sara Sampson". Tr. 41.
Möllhusen, Maurermeister. 118.
Moeser, Concertmeister. 85.
Molière. 26.
„Le Mariage forcé". 79.
Moller, Schauspieler. 83.
Monhaupt, Schauspieler. 95.
Monsigny, „Der Deserteur". 54.
„Die schöne Arsene". 54.
„Le Soldat Magicien". 67.
Moreto, „Donna Diana". 96.
Mozart 87.
„Die Zauberflöte". 67. 68.
„Die Entführung aus dem Serail". 71. 82. 86. 111.
„Don Juan". 75.
„Figaros Hochzeit". 98.
„Titus". 98.
Müller, Gastwirth. 79.
Müller, Schauspielerin. 78.

Struck, Die ältesten Zeiten des Theaters in Stralsund.   9

Müller, Mechanikus. 115.
Müllner. 89.
„Die Schuld". 87.
„Die Vertrauten". 96.
„Mündel, Die". Sch. 55.

N.

Naumann, Opernsänger. 99.
„Nebenbuhler, Die". Lstp. 71.
Neuber, Caroline. 15, 41.
Neuhoff, Direktor. 40.
Neu-Strelitz. 66, 71, 79, 96.
Nicolosi, Balletmeister. 39.
Niederländische Komödianten. 11.
Nuckel, Sänger. 100.

O.

„Oberon, König der Elfen". Singsp. von Wranitzky. 71.
„Octavia". Tr. 78.
Oehlenschläger, „Axel und Walburg". 96.
Ohlhorst, Schauspielerin. 99.
„Olivia". Tr. 44.
Opel, Schauspieler und Direktor. 98, 114, 115.
Opel, Schauspielerin. 108.
Opera comique. 38.
Orchester. 38.
„Othello, der Mohr von Venedig". 61.
„Otto, der Schütz". Sch. 61.
Otto, Schauspieler. 60.
„Otto von Wittelsbach". Tr. 93.

P.

Pagel, Schauspieler u. Schauspielerin. 88.
Paisiello, „Der Barbier von Sevilla". 82.
„Die schöne Müllerin". 107.
Pantomimen. 38, 39, 69 und 70, 86.
Panik im Schauspielhause. 83 ff.
Pasewalk. 60.
Paul, Akrobat. 116.
Pauly, Schauspielerin. 50.
Peters, Schauspieler. 95, 108.
Peters, Maler. 38.
Pettorelli Graf, Prof. Zauberkünstler. 100.

„Pfeffer-Rösel". Sch. 107.
„Philosoph im Felde, Der". Optte. 39.
Piccini, „Das gute Mädchen". 55.
„Piccolomini, Die". Sch. 82.
„Pilgrimme von Mecca, Die". Singsp. 59.
Platen von, Hofmarschall. 117.
Plot, Sänger. 99.
„Politische Kannengießer, Der". Lsp. 54.
„Preciosa". Sch. 96, 108.
Preinfalt, Direktor. 46, 49.
Prenzlau. 92, 96.
Preußische Hof-Komödianten. 22, 25, 59, 60, 74.
„Prinz Friedrich von Homburg". Sch. 107.
Prinzipal. 12.
Prologe, Epiloge und Ansprachen. 42, 43, 47, 50, 56, 59, 80, 81, 83, 93, 94, 97, 106, 111, 115.
Putbus. 87, 95, 96, 98, 106, 115.
„Pupille, Die". Optte. 39.

Q.

Quartiere der Stadt Stralsund. 29.

R.

Räder, Opernsänger. 108.
„Räuber, Die." Sch. 55, 59, 61 ff, 75 ff.
Rademin, Prinzipal. 25.
Rath zu Stralsund s. Magistrat.
Raupach, „Die Schleichhändler". 107.
„Die feindlichen Brüder". 107.
„Der Zeitgeist". 107.
Realschule. 117.
Recensionen s. Kritik.
Redouten s. Maskenbälle.
Regierung. 17, 66, 72 ff.
Rehfeld, Assessor. 46.
Reibehand, Prinzipal. 24.
Reimer, Rathsherr. 65.
Reimer, Kaufmann. 117.
Reymann, Musiker. 52.
Reymann, Balletmeister. 44, 46.
„Richard Löwenherz." Op. 82.
„Richard III." Tr. v. Weiße. 41.
Riese, Schauspielerin. 106, 108, 111.

Namen- und Sachregister.

Riesch, „Der Freischütz." 96.
„Ring, Der.' Lsp. 59.
Rögelin, Schauspieler. 27.
Rögelin, Schauspielerin. 27.
Rogmann, Direktor. 78.
„Romeo und Julia". Tr. v. Weiße. 11.
„Romeo und Julie." Tr. von Shakespeare 54, 57.
„Rosamunde." Tr. 87.
Rosenberg, Sänger. 87.
Rossini, „Tankred." 97.
   „Der Barbier von Sevilla." 98.
   „Die Italiener in Algier." 107.
Rosten, Musiker. 52.
Rostock. 13, 14, 25, 27, 42, 44, 45, 47, 57, 66, 67, 71, 72, 77, 81, 83
„Rothe Käppchen, Das " Op. 61.
Rufatti, Musiker. 85.
Ruhland, Direktor. 85, 86.
Rusche, Schauspieler u. Schauspielerin. 116.
Ruschwey, Schauspielerin. 46.
Ruschwey, Schauspieler. 46.
Ruuth, Graf, General-Gouverneur. 62, 65.

S.

Sachsen-Weimarische Hof-Komödianten. 24.
Sächsische Hof-Komödianten. 20.
Salomon, Prinzipal. 16.
„Sänger und der Schneider, Der". Op 95.
„Sappho". Tr. 93.
Sarti, „Im Trüben ist gut fischen". 71.
Sartory, Schauspieler. 46.
Schantze, Schauspieler. 95.
„Schatz, Der'. Lstp. 42.
Schauspielhaus, Das alte Stralsunder.
   Abbruch. 118.
   Abonnements. 46, 98.
   Akustik. 34.
   Aufzüge bei Maskenbällen. 58, 88.
   Bänke. 34.
   Beginn der Vorstellungen. 34.
   Beleuchtung. 35, 107.
   Besitzer. 30, 31, 75, 117, 118.
   Dauerbillets. 38.
   Dekorationen. 38.
   Direktions-Zimmer. 32.
   Ein- und Ausgänge. 32, 35, 75, 80
   Einnahmen. 68, 80, 111.
   Einrichtung zu Maskenbällen. 37.
   Eintrittspreise. 37, 38, 40, 112.
   Einweihung. 36.
   Erfrischungs-Zimmer. 32, 75, 80.
   Fassade. 32, 107.
   Freibillets. 81.
   Garderoben-Zimmer. 35.
   Gagen-Etat. 49, 69, 114.
   Größe des Grundstücks. 29, 32, 35, 36, 117, 118.
   Gründung. 28 ff.
   Hof. 36.
   Innere Einrichtung. 32 ff., 107.
   Kälte und Zugwind. 34.
   Kasse. 32.
   Korridore. 32.
   Maskenbälle. 37.
   Nummerirung der Plätze. 34.
   Panik. 83 ff.
   Parterre. 32, 34, 80.
   Ränge. 32.
   Reparaturen. 75, 79, 80.
   Spieltage. 78.
   Situations-Plan. 33.
   Textbücher. 38.
   Theater-Skandale. 47, 61 u. 62, 76.
   Treppen. 33, 35, 80.
   Umbau 31.
   Unkosten der Theaterdirektoren. 67, 68, 76, 80, 81, 82, 111, 114.
   Untersuchungen des baulichen Zustandes. 74, 75, 79, 80, 84, 118.
   Werth des Grundstücks. 36, 117, 118.
   Zahl der Zimmer. 30.
   Zahl der Zuschauer. 35.
   Zuschauerraum. 32, 80.
Schauspielhaus, Das neue Stralsunder. 116, 119 u. 120.
Scheerer, Direktor. 78.
Schenk, „Der Dorfbarbier". 96.
Scheven, Johann von. 30.
Scheven, Rathsherr. 65.
Schick, Schauspielerin. 99.
Schiller. 89. „Kabale und Liebe". 54, 55, 111.

„Die Räuber". 55, 59, 61 ff., 75 ff.
„Don Carlos". 66, 82, 111.
„Maria Stuart". 78.
„Wallensteins Lager". 82.
„Die Jungfrau von Orleans". 41, 71, 82, 89.
„Wilhelm Tell". 82, 111.
„Die Piccolomini". 82.
„Die Braut von Messina". 97.
„Wallensteins Tod". 98.
„Die Verschwörung des Fiesko". 107, 111.
Schimmel, Schauspieler. 90.
Schimmel, Schauspielerin. 90.
Schink, „Gaßner der Zweite". 54.
Schlawitz, Schauspieler. 97.
Schlegel, Joh. Elias. 26.
   „Kannt". 41.
„Schleichhändler, Die". Lsp. 107.
Schmelz, Schauspieler. 27.
Schmelz, Schauspielerin. 27.
Schmidkow, v., Schauspielerin. 108.
Schmidkow, v., Schauspieler. 108.
Schmidt, Schauspieler. 27.
Schmidt, Schauspieler u. Direktor. 41, 47.
Schmidt, Schauspieler. 69.
Schmidtgen, Direktor. 98 u. 99.
Schmidtschneider, Schauspielerin. 39.
„Schnee, Der". Op. 107.
„Schneider Kakadu". Op. 83.
Scholz, Schauspielerin. 57.
„Schöne Arsene, Die". Op. 54.
Schöne, Dr. Hofrath. 90, 91, 93, 95.
„Schöne Müllerin, Die". Op. 107.
Schönemann, Schauspieler und Prinzipal. 16, 21, 25.
„Schreibepult, Das". Lsp. 75.
Schröder, Friedr. Ludwig. 54, 89.
   „Die Gefahren der Verführung". 54.
   „Amtmann Graumann". 54.
   „Die unmögliche Sache". 54.
   „Die Heirath durch ein Wochenblatt". 71.
   „Die Nebenbuhler". 71.
   „Stille Wasser sind tief". 96, 116.
Schuch, Direktor. 41.

Schuffer, Sängerin. 100.
„Schuld, Die". Tr. 87.
Schüler, Schauspieler. 69.
Schultz, Schauspieler. 27.
Schulz, Schauspieler. 46.
Schüßlern, Schauspielerin. 46.
Schütz, Schauspieler. 90, 91.
Schweiger, Prinzipal. 19.
„Schweizerfamilie, Die". Op. 93.
Schwerin. 42, 45, 67, 77, 99.
„Schwestern von Prag, Die". Op. 83.
Schwing, Polizeidirektor. 91.
„Selbstbeherrschung". Sch. 78.
Selkes, Balletmeister. 95.
Sellmer, Achtmann. 30.
Shakespeare. 54.
   „Der Kaufmann von Venedig". 54.
   „Romeo und Julia". 54, 57.
   „Heinrich der Vierte". 59.
   „Macbeth". 59.
   „Othello". 61.
   „Hamlet". 76.
   „König Lear". 88.
„Sieben Mädchen in Uniform". Vaudev. 93.
Simon, Musiker. 52.
Simoni, Balletmeister. 71.
Sinclaire, Graf von, Gen.-Gouverneur. 43.
„So bezahlt man seine Schulden". Lsp. 99.
„Soldat Magicien, Le". Op. 67.
„Soldaten, Die". Sch. 87.
„Sonnenjungfrau, Die". Sch. 59.
Spiegelberg, Prinzipal. 12, 14 ff.
Spiegelberg, Elisabeth. 21.
Spieltage. 78.
Spieß. 59. „Das Ehrenwort". 67.
Stahlke, Stellmacher. 81.
Stamler, Schauspieler. 88.
Starl, Kunstreiter-Familie. 116.
Stärke der Schauspieler-Truppen. 27, 38, 39, 44, 50, 72, 76, 95, 108, 114.
Stegemann, Rathsherr. 65.
Stegmann, Kaufmann. 31.
Steinsberg, Schauspieler. 108.
Stephanie, Schauspieler. 68.
Stettin. 22, 81, 92, 98, 99, 115.

Namen- und Sachregister.

Stiegmann, Sänger. 86.
Stieveleben, Rathsherr. 65.
„Stille Wasser sind tief". Lsp. 96. 116.
Stöffler, Direktor. 44, 47 ff., 50, 51.
„Stricknadeln, Die". Lsp. 107.
„Stumme von Portici". Op. 108, 111.
„Sturm von Stralsund, Der". Vaterl.
    Gemälde. 99.

T.

„Tag der Erlösung, Der". Sch. 76.
„Tagesbefehl, Der". Dr. 97.
„Tancred". Tr. 45.
„Tankred". Op. 97.
Tanti, Tänzer. 27.
Teoborowich, Herkules. 115.
„Teufel ist los, Der". Op. 75.
Textbücher. 38.
Theater-Entreprisen. 44, 50, 70 u. 71.
Theaterzettel. 15, 20, 28, 69.
Theater-Skandale. 47, 61 u. 62, 76.
„Theodor Körners Tod". Dr. 98.
Thomas, Gouvernements-Sekretär. 45,
    47, 75, 76.
„Der Kobold". 45.
Tilly, Balletmeister und Direktor. 46,
    53 ff., 59 ff.
Tilly, Schauspielerin. 56, 59.
Timme, Gastwirth. 50 ff.
„Titus". Op. 98.
Töchterschule. 117.
Töpfer, „Der Tagesbefehl". 97.
    „Der Krieg mit dem Onkel". 99.
    „Der beste Ton". 106.
„Tod Jesu, Der". Oratorium. 83.
„Toni". Dr. 93.
Toscani, Direktor. 60.
Treu, Prinzipal. 12.

U.

Uhink, Schauspielerin. 100.
Unkosten der Theaterdirektoren. 68, 82.
„Unmögliche Sache, Die". Lsp. 54.
„Unterbrochene Opferfest, Das". Op 82.

V.

Veith, Bürgermeister. 30.
Velthen, Magister, Prinzipal. 12.
Veltheim, Schauspielerfamilie. 86.
„Verlegenheit und List". Lsp. 96.
„Vermächtniß, Das". Sch. 71.
Verordnungen. 47, 51, 52, 62, 72 u. 73,
    84, 92, 110.
„Verschwörung des Fiesko zu Genua, Die".
    Tr. 107, 111.
„Vertrauten, Die". Lsp. 96.
„Vetter aus Indien, Der". Lsp. 88.
Vinck, Schauspielerin. 46.
Vio, Schauspieler. 96, 97.
„Vogelschießen, Das". Lsp. 88.
Voltaire „Tancred". 45.
    „Merope". 54.
Vollbrecht, Schauspieler. 92, 108.
Vollbrecht, Schauspielerin. 108.
Vorfahren der Wagen beim Schauspiel-
    hause. 52.
Vorstellungen während der Adventzei. 51.
Vorstellungen während der Fastenzeit. 51.
Vorstellungen im Freien. 85.
Vorstellungen am Sonnabend. 97.
Vorstellungen am Sonntage. 72 ff., 74, 78.
Vorstellungen in der stillen Woche. 51.

W.

Wadmann, Rathsherr. 65.
Wagner, Schauspielerin. 46.
Waisenhaus. 29, 30.
Waisenkinder auf der Bühne. 86.
Wall. 59.
„Wallensteins Lager". 82.
„Wallensteins Tod". Tr. 98.
„Waudach und Cleone". Ballet. 70.
Wandertruppen. 12, 114, 116.
Wäser, Direktor. 39 ff., 42.
Wäser, Schauspielerin. 40.
„Wasserträger, Der". Op. 88.
Weber. 82. „Preciosa". 96, 108.
    „Der Freischütz". 96, 108.
    „Theodor Körners Tod". 98.
Weigl. 87. „Die Schweizerfamilie". 93.

"Weihe der Kraft, Die". Sch. 82.
Weiße, "Romeo und Julia". 41.
"Richard III." 41.
"Weiße Dame, Die". Op. 99.
Weißenthurn, "Clementine". 82.
"Die beschämte Eifersucht". 82.
Werner, "Die Weihe der Kraft". 82.
Westphal, Baumeister. 31.
Wetzel, Schauspielerin. 88.
Wieland. 61.
"Wilhelm Tell". Sch. 82, 111.
Winger, Schauspieler. 115.
Winter, "Das unterbrochene Opferfest". 82.
"Wirrwarr, Der". Lsp. 108.
Wismar. 47, 57.
Wismarer Tribunal. 17, 19, 22, 74.
Wohlbrück, Schauspieler. 97.
Wolf, Circus-Direktor. 116.
Wolff, "Caesario". 82.
"Preciosa". 96, 108.
Wollandt, Schauspieler. 40.
"Wollmarkt". Lstp. 98.

Wranitzky, "Oberon, König der Elfen" 71.
Wurm, Schauspieler. 97.

Y).

Yay, Oberfeuerwerker. 85.

Z.

"Zauberflöte, Die." Op. 67, 68.
"Zauberspiegel, Der." Op. 76.
"Zeitgeist, Der." P. 107.
Zeitung, Stralsundische. 28, 67, 84, 89, 91, 99.
"Zemire und Azor." Op. 54.
Ziegler, 59.
"Fürsten-Größe." 61.
"Der Lorbeerkranz." 75.
"Der Kampf mit Gott für's Vaterland." 86.
"Der Tag der Erlösung." 76.
Zimmermann, Direktor. 100.
"Zriny." Tr. 85.
Zschokke, "Abällino, der große Bandit". 71.
"Der Aufruhr der Jesuiten". 75.
"Hypolit und Roswida". 78.